Será que **ele** mente para você?

Um especialista em detectar mentiras revela o que os homens não querem que as mulheres saibam

Prezado leitor,

Queremos saber sua opinião sobre nossos livros. Após a leitura, acesse nosso site (www.editoragente.com.br), cadastre-se e contribua com sugestões, críticas e elogios.

Boa leitura!

Será que ele mente para você?

Um especialista em detectar mentiras revela o que os homens não querem que as mulheres saibam

Dan Crum

Tradução:
Alexandre Callari

Editor de Desenvolvimento de Texto
Juliana Nogueira Luiz

Editor de Produção Editorial
Rosângela de Araujo Pinheiro Barbosa

Produção Editorial
Sieben Gruppe Serviços Editoriais

Projeto Gráfico e Diagramação
Cissa Tilelli Holzschuh

Tradução
Alexandre Callari

Preparação de Texto
Sally Tilelli

Revisão
Fernanda Guerriero Antunes

Capa
Nadiav Yuasa e Satine

Fotos de capa
Pepperbox e Rido/Dreamstock.com

Impressão
Grecco & Melo Ltda.

Título original: *Is he lying to you?*

Edição original em língua inglesa
publicada por Career Press, 3 Tice Rd.,
Franklin Lakes, NJ 07417 USA.

Rua Pedro Soares de Almeida, 114
São Paulo, SP – CEP 05029-030
Tel: (11) 3670-2500
Site: http://www.editoragente.com.br
E-mail: gente@editoragente.com.br

Dados Internacionais de Catalogação na Publicação (CIP)
(Câmara Brasileira do Livro, SP, Brasil)

Crum, Dan
Será que ele mente para você? : um ex-agente da CIA, examinador de polígrafo, revela o que os homens não querem que você saiba / Dan Crum ; tradução Alexandre Callari. -- São Paulo : Editora Gente, 2010.

Título original: Is he lying to you? : an ex-CIA polygraph examiner reveals what men don't want you to know.
ISBN 978-85-7312-764-5
1. Decepção 2. Homem-mulher - Relacionamento - Aspectos psicológicos 3. Namoro (Costumes sociais) - Aspectos psicológicos 4. Verdade e falsidade I. Título.

10-05401 CDD-646.77

Índices para catálogo sistemático:
1. Namoro : Relacionamento homem-mulher : Vida pessoal 646.77

Todos os depoimentos sobre fatos, opiniões ou análises aqui expressos pertencem ao autor e não refletem a posição oficial ou pontos de vista da CIA ou de qualquer outra agência governamental norte-americana. Nada nos conteúdos deve ser interpretado como uma afirmativa, ou sugerir qualquer tipo de autenticação das informações aqui fornecidas ou apoio da agência às visões do autor pelo governo estadunidense. Este material foi revisado pela CIA para prevenir a eventual disponibilização de informações confidenciais.

Não namore apenas, investigue!

Agradecimentos

Este livro se deve às significativas contribuições oferecidas por várias pessoas. Gostaria primeiramente de agradecer a Deus por abençoar-me com uma mente que se recusa a aceitar as coisas como elas são e pelo enorme desejo de torná-las melhores.

Quero também agradecer à minha família: minha esposa, Cindy, que além de ser a incrível mãe de quatro crianças maravilhosas – Grace, Madeline, Will e Abby – é ainda uma pessoa bastante compreensiva; meu pai, Rick Crum, agente aposentado da Agência Federal de Investigação (FBI), um ser humano que sempre me serviu como um exemplo de vida – ele me demonstrou o valor do trabalho e a importância de manter uma atitude positiva em relação à vida; minha mãe, Joan Crum, que me ensinou a ter compaixão pelos outros e sempre me fez lembrar que "é bom estar certo, mas é certo ser bom". Para mim ela é uma santa viva, além de um ser humano que vale a pena conhecer; meus irmãos – Richard, Matt, Brian e Kevin –, que me ajudaram a desenvolver um espírito competitivo, e com quem aprendi o valor do trabalho em equipe; e minha irmã mais nova, Anne Kelley, que ajudou-me a buscar inspiração para escrever este livro a fim de ajudá-la a navegar pela vida com a habilidade de identificar tentativas de logro, e a tomar decisões embasadas em fatos.

Também gostaria de agradecer a Bill Fairweather (ex-chefe da Divisão de Polígrafo da CIA – hoje aposentado) por me apresentar à arte da detecção de logros e por ajudar-me a iniciar minha carreira na CIA. Quero ainda agradecer a Barry McManus (ex-chefe do

Departamento de Análise de Polígrafo da CIA – já aposentado) por confiar em mim para representá-lo, assim como a seus cursos.

Finalmente, quero agradecer ao meu agente, Bob Diforio, à editora Career Press e sua maravilhosa equipe, e a Rusty Fischer, que foi uma das pessoas-chave para o desenvolvimento deste trabalho.

Sumário

Sobre este livro

Será que ele mente para você?

De acordo com estatísticas recentes, as chances de isso estar acontecendo são grandes. Tim Cole, professor adjunto da Universidade DePaul em Chicago, Illinois, afirma o seguinte: "A maioria dos indivíduos, ou seja, 92%, admite já ter mentido para uma namorada ou, ao menos, se lembra de alguma ocasião na qual não tenha sido totalmente honesto".

Claro, nem toda mentira é igual. Perguntar a um novo parceiro quanto ele ganha por ano pode resultar na confiante resposta: "Seis dígitos!". Bem, ganhar 100 mil dólares por ano é *tecnicamente* seis dígitos (e isso não é nada mau), mas está longe de uma pessoa que consiga 250 mil dólares anuais (o que estaria mais compatível com a ideia implícita nos seis dígitos). Então, será que ele simplesmente mentiu? O mais importante nesse caso é saber quantas meias-verdades, omissões ou evasões você está disposta a negligenciar em seu parceiro romântico.

Se você for como a maior parte das pessoas, a resposta é: "inúmeras". Cole diz ainda: "Quando não estão explicitamente enganando seus parceiros, muitos indivíduos reconhecem o fato de reter informações ou, em geral, tentar evitar determinados assuntos".

Desejo mudar essa situação!

Da CIA rumo ao cenário dos solteiros: *o detetive dos relacionamentos*

Costumava conduzir exames poligráficos para a CIA. Como analista da Central de Inteligência no Centro Nacional de Combate a Grupos Terroristas (NCTC*), meu trabalho era usado para colaborar nas avaliações realizadas pelo Departamento de Inteligência para o Poder Executivo, no sentido de manter o presidente completamente informado acerca da guerra contra o terror. Agora trabalho como consultor, ajudando pessoas a descobrirem possíveis tentativas de enganação em suas vidas cotidianas, seja no emprego, em casa, ou, particularmente, em seus relacionamentos.

Passei a vida estudando interações humanas e identificando comportamentos enganadores, sendo hoje conhecido como o Detetive dos Relacionamentos. Posso ensiná-la a determinar exatamente quando alguém está mentindo.

Será que ele mente para você?

Pergunte a qualquer mulher solteira o que exatamente ela procura em um membro do sexo oposto, e é provável que ela responda exasperadamente com uma única palavra: honestidade. As mulheres modernas têm ouvido mentiras e sido traídas, enganadas e desapontadas mais vezes do que gostariam de admitir. Isso ocorre porque elas têm jogado demasiadamente na defesa, e pouco no ataque.

Não confie em alguém apenas porque essa pessoa parece sincera quando lhe diz algo: não seja enganada por lobos em pele de cordeiro. Em vez disso, aprenda os segredos da CIA na interrogação e na investigação de indivíduos, e descubra se o seu namorado está dizendo a verdade.

* *Sigla para National Counterterrorism Center, órgão norte-americano de combate a ações terroristas. (N.T.)*

Decodifique-o com base no que ele faz – não naquilo que ele diz

Agora é hora de você agir, arregaçar as mangas e retomar o controle de sua vida amorosa. Começaremos estabelecendo um cenário ficcional – contudo verossímil –, no qual uma mulher (vamos chamá-la de Ashley) está participando de um evento do tipo *speed dating** em um clube noturno local.

Nesse cenário, você agirá como uma detetive de relacionamentos para determinar sua própria habilidade de identificar comportamentos enganadores. Você julgará as respostas verbais e não verbais de quatro indivíduos bastante diferentes. A maneira como cada um responde é, ao menos para mim, um indicativo de que está, ou não, dizendo a verdade. Por hora, os resultados dessa avaliação não serão revelados. A resposta estará disponível no final deste livro. Mostrarei ainda como captar todas as pistas de imediato. Desse modo, no final do último capítulo qualquer mulher, assim como a própria Ashley, estará apta a reconhecer qualquer tipo de enganação.

Vejamos a seguir a própria definição da palavra "mentira"; você ficará surpresa com a quantidade de maneiras por meio das quais se pode mentir; explicarei o que, exatamente, constitui uma mentira. Existem, por exemplo, a "omissão" e a "falácia", além de vários níveis de mentira, como a "significativa" e a "inofensiva"; finalmente, há vários motivos pelos quais os homens mentem, dentre eles estão: a "preservação", a "privacidade" e até mesmo a "cortesia".

Apresentarei a você minha estratégia Caia na real, que, de uma maneira completamente nova, servirá como um guia no uso de seus próprios sentidos. Tal estratégia é bastante útil considerando minha próxima grande revelação: todo mundo mente! Ensinarei, por

* *Trata-se de um processo pelo qual alguns indivíduos participam de programas, shows ou eventos durante os quais serão apresentados a algumas pessoas que também estão em busca de iniciar uma relação. No Brasil, um programa desse tipo é o antigo* Beija Sapo, *transmitido pela MTV. (N.T.)*

exemplo, que não devemos buscar um comportamento verdadeiro, mas, ao invés disso, estar atentos às mentiras.

Introduzirei, então, o conceito de "janela de foco", que poderá ajudá-la a perceber a diferença entre um comportamento "normal", além de estabelecer o que exatamente precisa ser procurado e considerado – e quando fazê-lo. A partir daí, mostrarei os Dois maiores sinais de enganação: os pontos dormentes e a distorção de culpa. Acredito que, a partir desses dois sinais, *qualquer um* é capaz de perceber a enganação, mesmo que seja a sua primeira tentativa.

A seguir, você encontrará uma lista baseada em experiências reais com mais de 101 exemplos de mentiras verbais. Esse, aliás, é o grande diferencial deste livro. De agora em diante, você saberá o que exatamente deverá procurar e, ainda mais importante, o que deverá considerar quando surgir uma dessas situações. Do conceito verbal evoluiremos para o não verbal, com um capítulo dedicado às mentiras não verbais, intitulado: "As jogadas do mentiroso".

Por último, fornecerei três importantes noções que a ajudarão a colocar em prática as lições aprendidas nas seções "Criando as condições ideais", "Entendimento" e "Confiando em sua intuição".

Não namore apenas, investigue!

Ao utilizar estas estratégias para detectar mentiras, imediatamente obterá mais controle sobre o seu próprio futuro; esses mecanismos poderão ser aplicados em todas as suas interações com indivíduos do sexo oposto, incluindo namorados, noivos e até maridos.

E mais, esses instrumentos funcionam tanto em uma sala de reuniões como no ambiente doméstico; mulheres que aprendem essas estratégias tornam-se funcionárias mais preparadas, colegas de trabalho mais eficientes, melhores negociadoras, chefes ou executivas. Quando buscamos descobrir a mentira, ao invés de procurarmos pela honestidade, somos capazes de detectar a enganação imediatamente, a qualquer hora e em qualquer lugar.

Introdução

Você consegue lidar com a verdade?

O suspeito morde o lábio e olha para os próprios sapatos. Suas mãos descansam sobre a mesa à sua frente ou, ocasionalmente, repousam sobre os joelhos. Propositalmente, o ambiente ostenta luz fraca e temperatura cuidadosamente controlada. O interrogador ignora por completo os sons à sua volta, e se mantém concentrado nas respostas do suspeito.

Durante o interrogatório, o suposto culpado toca repetidas vezes em sua gravata, mexe em seu relógio, cruza e descruza as pernas. Ao término da sessão, ele tenta minimizar a situação; com frequência, sua atuação é tão perfeita que consegue enganar até mesmo o mais experiente detetive.

Outro interrogatório se segue, e os resultados são similares.

Não, esse não é um exemplo retirado de uma de minhas primeiras experiências na CIA como investigador e examinador de polígrafo. Infelizmente, estamos descrevendo apenas mais um sujeito tentando enganar outra mulher durante um encontro romântico moderno – ou, como é normal, um homem à mesa de jantar com a família ou no quarto com sua esposa.

O local anteriormente descrito não é, portanto, uma sala de interrogatório estéril, mas um bar qualquer. O interrogador, por sua vez, não é um especialista nem está ativamente procurando descobrir uma fraude. O suspeito sabe disso.

Minhas jovens, se esse exemplo lhes parece tremendamente familiar, vocês tomaram a atitude certa.

Será que ele mente para você?

Se você teve a curiosidade de pegar nas mãos, comprar e ler um livro chamado *Será que ele mente para você?* é porque, indubitavelmente, você já sabe – ou ao menos suspeita – qual é a resposta. Saiba que você não está sozinha. Em uma pesquisa recente conduzida por um dos principais websites especializados em encontros, 78% das pessoas que participaram responderam não para a seguinte questão: "Em um encontro, você acha que seu companheiro é 100% genuíno?". Quando perguntado: "Você confia em uma pessoa quando se encontra com ela pela primeira vez?" 67% dos entrevistados responderam negativamente.

Apesar de essas intrigantes estatísticas serem de certo modo deprimentes, minha experiência sugere que elas são bastante acuradas. Quando trabalhava para a CIA, minha principal função era detectar diariamente o logro; mesmo após meu treinamento inicial e intensivo, continuei a frequentar inúmeros cursos, reuniões, conferências e seminários em algumas das mais elitizadas escolas dos EUA. Tornei-me assim um especialista na arte de perceber a mentira.

Tendo entrevistado, poligrafado e interrogado incontáveis suspeitos durante o curso de minha carreira, percebi que tais habilidades eram dolorosamente inexistentes, e definitivamente necessárias, no mundo exterior às paredes da CIA. Comecei então a reparar que havia uma dúvida bastante desconfortável entre muitas amigas solteiras e mesmo entre as casadas ou comprometidas sobre seus parceiros: "Será que ele mente para mim?"

Algumas dessas amigas tinham conhecimento de minha experiência na CIA, outras não. Acredito que, na época, quando me questionavam sobre o assunto, estivessem desejando apenas obter minha opinião como homem. Contudo, costumava responder com uma clareza bem maior do que qualquer uma delas era capaz de alcançar. Mesmo tendo como base apenas evidências orais sobre situações que estavam distantes de mim, frequentemente conseguia responder àquela questão com segurança: "Sim, ele *está* mentindo para você".

Aprenda as estratégias básicas para detectar mentiras

Pensando a respeito do trabalho, ocorreu-me que poderia haver um segundo uso para minha experiência junto à CIA. Algo que fosse mais significativo do que simplesmente entabular conversas em festas. Tentei me colocar no lugar da mulher moderna e ativa, em um cenário onde todos são solteiros, e também da mulher desconfiada, confrontando seu marido com suspeitas de traição.

Perguntava a mim mesmo: *O que ela precisaria saber? Como ela poderia detectar que está sendo enganada sem dispor de todas as ferramentas existentes na CIA?* Sabia que para oferecer um sistema que permitisse às mulheres civilizadas se tornarem verdadeiramente Detetives de relacionamentos, precisaria tornar tudo aquilo simples, direto e acessível.

Após várias experiências, acabei desenvolvendo o sistema apresentado neste livro, que levará os leitores em uma interessante jornada enquanto enfrentam as situações naturais da vida e as inúmeras e variadíssimas tentativas de logro. Ao longo do caminho vocês saberão identificar mentiras e enganações, e, no final, estarão preparados para reconhecer todos os embustes que nos cercam.

Não namore apenas, investigue!

No filme *Uma questão de honra*, o ator Jack Nicholson nos apresenta uma ótima frase: "Você não *aguenta* a verdade!"

E *vocês*, mulheres, conseguem suportá-la?

Se está lendo este livro, só posso presumir que você (a) já escutou mentiras no passado, (b) teme que estejam mentindo neste exato momento e/ou (c) se preocupa com a possibilidade de alguém mentir para você no futuro.

Se qualquer uma das hipóteses anteriores descreve a situação, então eu tenho uma sugestão: não namore apenas, investigue!

Frequentemente, as mulheres vão a um encontro esperando deparar com o príncipe encantado que as levará em seu cavalo branco para um reino distante, onde ambos viverão felizes para sempre. De fato, mesmo depois que a atmosfera romântica já se desfez, e você está diante do marido com quem convive há vinte anos, ainda espera que ele seja seu cavaleiro em uma armadura brilhante.

Mulheres, aqui vai uma dica: os homens sabem disso! E, cá entre nós, eles até contam com isso.

A maioria dos homens – ou melhor, a maioria dos homens que *engana* – sabe que você estará tão ocupada notando os sapatos engraxados que eles estão calçando, a carteira recheada, o cavanhaque bem aparado e aquele anel de formatura, que não prestará atenção à falta de interesse em seus olhos, ao discurso pronto em suas respostas, ou até mesmo à clara enganação presente em sua voz.

Mas não me interpretem mal – há muitos sujeitos legais por aí. Ao aprender a identificar o logro no comportamento do mau-caráter, vocês também aprenderão a observar exemplos de honestidade, consideração, sinceridade e compaixão; e é óbvio que ser capaz de identificar pessoas decentes é uma ferramenta valiosa, do mesmo modo como aprender a identificar a mentira antes que você se apaixone perdidamente pelo cara errado.

Então, talvez minha linguagem seja um pouco dura, meus exemplos talvez sejam um pouco deprimentes, e talvez a lição que eu tenha que ensinar seja até um pouco preocupante: *aprenda-a mesmo assim*! Você comprou este livro porque suspeita que estão mentindo para você.

Porém, tudo isso não será um desperdício de tempo – e de dinheiro – se você não estiver preparada para lidar com a verdade?

Combata a mentira com um plano de ação para a vida toda

Não se preocupe; todas as providências já foram tomadas no sentido de facilitar seu trabalho na busca pela verdade. Agora irei ajudá-la neste curso intensivo para o diagnóstico de mentiras, e também a conduzirei passo a passo ao longo desse processo. Caberá a você fazer todas as escolhas e, finalmente, agir.

Antes de começarmos, é preciso discutir mais uma questão. O assunto abordado neste livro diz respeito a você e, portanto, lhe concerne: você está inteiramente comprometida em ler este material e aplicar tal sistema em sua vida?

Se a sua resposta for negativa, não perca tempo lendo este livro. Prometo que não ficarei desapontado. De fato, acredito que algumas de vocês não tenham lido um livro inteiro desde a época da escola. Talvez vocês tenham comprado este aqui somente por ter ouvido Oprah* falando em seu programa sobre homens que mentem, ou ainda pelo fato de ele ser um *best-seller*. Você faz parte desse grupo de pessoas, não é?

Pare com isso! Desejo sinceramente que sua resposta seja um apaixonado: "Sim, eu estou plenamente comprometida!" Espero que você faça parte da elite que lê livros como este com o propósito de melhorar a própria vida. Mas se não estiver, decida-se agora a se comprometer com esta obra, para o bem ou para o mal. Seu caminho para um relacionamento de sucesso começa com este simples passo.

* *Oprah Winfrey é apresentadora do mais antigo* talk show *norte-americano,* The Oprah Winfrey Show. *(N.T.)*

Sente-se agora mais comprometida? Ótimo! Aplauda a si mesma. Estou falando sério, afinal, ninguém está olhando. Faça-o.

Bem, vamos aos negócios, pois *este livro mudará sua vida* em um âmbito tremendamente importante: os relacionamentos. Está pronta? Excelente, agora siga minhas diretrizes com cuidado.

Plano de ação para a introdução

Apanhe um diário ou caderno e escreva nele todas as diretrizes que lhe serão passadas por mim. Como tarefa inicial, registre na primeira página o seguinte:

Eu, (seu nome), afirmo ter tomado a decisão pessoal de amar a mim mesma suficientemente, a ponto de ler este livro do começo ao fim e por em prática todas as ações propostas pelo autor. Aplicarei, então, em minha vida tudo o que aprender com ele e, desse modo, estarei apta a identificar quaisquer tentativas de logro.

> ***Bônus:*** *visite o endereço www.editoragente.com.br/seraqueelemente.pdf e faça o download do diário digital. Este inclui os passos que deverão ser tomados em cada capítulo.*

Bem, você conseguiu chegar ao fim da Introdução; é hora de começar a ler o livro. Anime-se! Sei que amará o conteúdo. Tenho certeza de que depois de terminá-lo, e de ter completado todos os passos e aplicado as sugestões em sua vida, sentir-se-á entusiasmada em compartilhar com todos ao seu redor suas novas aptidões.

Vamos em frente! – experimente e comprove que eu não estou errado!

1 2 3 4 5 6 7 8 9 10

Você consegue identificar um mentiroso?

As mentiras mais cruéis são normalmente ditas em silêncio.
ROBERT LOUIS STEVENSON

O *speed dating* é um fenômeno bastante recente. Teve início na Califórnia no final da década de 1990, mas rapidamente se tornou uma característica permanente no cenário dos encontros românticos modernos. Atualmente, testemunhamos eventos desse tipo em todo o mundo. Se não tropeçamos em um deles na tentativa de começar ou até mesmo retomar nossa vida amorosa, uma rápida busca no Google com termos do tipo "namoro relâmpago", "*speed dating*" etc., será o suficiente para que sejamos direcionados a um diretório local onde, provavelmente, encontraremos dúzias de eventos dessa natureza em nossa vizinhança.

Há uma excelente razão para isso: para muitos, o *speed dating* é apenas uma oportunidade de agendar vários encontros às escuras – às vezes até uma dúzia – de uma só vez. Para a mulher ocupada, tímida ou insegura, será possível interagir de modo rápido, conveniente e seguro, com uma variedade de indivíduos. Tudo isso dentro de um único ambiente – normalmente um restaurante local, uma boate ou um bar, ou ainda em um centro recreativo da comunidade ou no salão comunitário de uma igreja –, e durante uma única noite.

Para mim, contudo, o *speed dating* sempre funcionou como uma verdadeira Placa de Petri* em relação ao comportamento enganoso. E o que é pior, quanto mais os homens atendem a esses encontros, mais fácil se torna para que eles mintam.

Como mencionado anteriormente, em uma única noite, qualquer homem consegue interagir com uma dúzia de mulheres, ou até mais. Se a *intenção* dele for enganá-las – e é importante ressaltar mais uma vez que nem todos os solteiros do mundo têm isso em mente –, não encontrará melhor "curso de iniciação" no planeta do que eventos do tipo *speed dating*.

Neles, valendo-se da inocência feminina, ele poderá rapidamente aperfeiçoar o seu discurso, aprender o que funciona ou não, e gradualmente evoluir até se tornar uma perfeita máquina de mentir.

Por exemplo, o que funcionou com a Mulher número 1 poderá funcionar ainda melhor com a número 2, com apenas pequenas alterações. Já aquilo que não deu muito certo com a número 3 poderá ser deixado de lado no momento em que ele estiver interagindo com as de números 4 ou 5. Conforme ele alcançar as mulheres 8 ou 9, seu discurso estará praticamente perfeito. O que será então das últimas mulheres da noite? Bem, garotas, cuidado: é provável que vocês sejam enganadas.

Detetive de relacionamentos: *a versão caseira*

Consideremos agora uma de minhas melhores alunas: Ashley. Ela está na casa dos 30, nunca foi casada, e está à procura do cara certo. Cansada do verdadeiro "mercado de relacionamentos" com o qual tem deparado desde seus 20 anos, está ávida para

---

* *Recipiente cilíndrico achatado, de vidro ou plástico, utilizado pelos biólogos para a cultura de micróbios. (N.E.)*

encontrar homens fora de sua zona de conforto – ou seja, o seu prédio e seu local de trabalho.

Quando Ashley sugeriu o *speed dating* pela primeira vez, imaginei que seria uma grande oportunidade não apenas para ajudá-la a desenvolver suas habilidades de detectar mentiras, mas também para ajudar as demais leitoras com este processo. Então, pensei: que melhor modo de expor esses parceiros mentirosos do que acompanhá-la em uma típica noite, demonstrando a ela – e a você – quais pretendentes estavam dizendo a verdade, e quais estavam mentindo?

Fizemos um trato. Prometi a ela que se, em algum momento do encontro, fizesse o mesmo conjunto de perguntas a todos os rapazes com os quais interagisse, e então prestasse atenção às respostas verbais e não verbais, eu a ajudaria a avaliá-las, dizendo-lhe quais pretendentes estavam sendo diretos e sinceros, e quais estavam apenas tentando enganá-la, se fosse o caso.

Ashley concordou prontamente, e acredito que você considerará os resultados de nossa pequena experiência bastante úteis. Ao longo de cada capítulo deste livro, nós discutiremos diversos sinais que comprovam que alguns rapazes estavam mentindo, os subterfúgios por eles utilizados (se for o caso) e o modo como Ashley os encarou, quer estivesse ciente ou não. No final deste livro, você saberá não apenas quais desses quatro indivíduos estavam mentindo, mas também, e talvez o mais importante, como evitar o mesmo problema no futuro, ou, pelo menos, como captar eventuais mentiras imediatamente.

Então, sem mais delongas, apresento a você nosso elenco de personagens. É hora de disputarmos nossa própria versão caseira do clássico jogo dos relacionamentos: "Você consegue identificar o mentiroso?"

Ashley

Ashley tem trinta e poucos anos, está atualmente empregada, é uma mulher atraente, se veste bem e se mantém alerta; tudo aquilo que é importante (e necessário) em um candidato a detetive de relacionamentos. Na noite em questão, ela compareceu a um restaurante refinado para participar de um evento local de *speed datings*. Era uma noite de segunda-feira, e o local havia sido reservado para atender a todos os ocupados solteiros que estivessem buscando um relacionamento amoroso.

Ela chegou com certa antecedência trajando um de seus vestidos favoritos. Preencheu a papelada necessária, sentou-se a uma mesa para dois e pediu uma taça de vinho. Uma garçonete etiquetou o canto da mesa com um número e desejou-lhe boa sorte.

Ashley pediu uma segunda taça de vinho para sentir-se mais preparada e concentrou-se nas duas questões que eu lhe havia preparado para aquela noite. Ela me havia dito que, aparentemente, todos os rapazes com os quais havia namorado já haviam mentido para ela. Agora, Ashley estava determinada a encontrar um homem que jamais tivesse traído outra pessoa e que, inclusive, considerasse a traição como uma ofensa imperdoável.

Tendo isso em vista, personalizei as questões de acordo com aquela situação específica, chegando às duas perguntas a seguir:

- **Questão número 1:** *Você já traiu alguém?*
- **Questão número 2:** *Na sua opinião, o que uma mulher deveria fazer se descobrisse que o seu companheiro a estivesse traindo?*

Cada uma dessas questões foi especificamente desenhada para identificar qualquer tentativa de engodo, caso alguém estivesse inclinado a isso, é claro. O modo *como* as perguntas seriam feitas era tão importante quanto as *próprias* questões. Sabendo disso, Ashley foi então preparada para inseri-las naturalmente durante a conversa, sem utilizar qualquer ordem específica.

Ashley releu as questões várias vezes de modo a memorizá-las, e então guardou o cartão em que estavam escritas na bolsa. Ao olhar ao seu redor, percebeu que o restaurante estava lotado com membros de ambos os sexos.

Um animado mestre de cerimônias se dirigiu ao grupo e brindou a todos os participantes com algumas piadas infelizes. Em seguida ele estabeleceu as regras do evento, segundo as quais não seria permitido nenhum contato físico e os homens deveriam deixar a mesa imediatamente após o toque de uma campainha.

Enquanto aguardava pelo início do evento, Ashley estudou minuciosamente os homens afoitos que esperavam no bar. Assim como ela, muitos eram jovens e estavam bem-vestidos e elegantes. Todos pareciam profissionais e educados, além de estarem nervosos e em alerta. Nenhum deles parecia ser do tipo mentiroso e, por um instante, ela pensou se não seria exatamente essa a intenção. Afinal, se alguém *se parecer* com um mentiroso, ele não sabe exatamente como mentir, certo?

O evento logo teve início e Ashley foi apresentada para o seu primeiro encontro da noite: Dave.

Dave

A noite está começando bem, pensou Ashley assim que Dave se aproximou e apertou sua mão. Naquele momento, antes mesmo de sentar, o jovem quebrou a primeira regra do evento. Sua pegada era firme, mas não exagerada – era masculina, sem fazer o estilo "machão". Ela imediatamente se entusiasmou com o rapaz. Dave era um homem alto, moreno e bonito. Estava bem vestido e pareceu sincero ao elogiar a blusa que ela estava usando e perguntar se ela havia ido ao cabeleireiro.

Ashley resistiu ao impulso de desmaiar. Dave era exatamente o tipo que lhe agradava – aliás, era o tipo de cara pelo qual ela sempre se apaixonava e por quem, no final das contas, acabava sendo enganada e então dispensada. Contudo, ela tentou não usar esse sentimento contra ele. Dave tornou as coisas fáceis para ela. O jovem praticamente exalava charme.

Ashley foi cuidadosa, entabulando uma conversa casual e curtindo o "toma lá dá cá" do diálogo com seu primeiro candidato. Dave tinha um negócio próprio.

– Computadores – disse ele de modo enigmático, antes de sorrir e admitir. – Na verdade, eu comecei uma companhia de assistência técnica para computadores em casa há três anos e tenho ido bem desde então, principalmente porque eu cobro metade do que uma empresa grande cobraria, para ir até sua casa e fazer o trabalho eu mesmo.

Ashley ficou impressionada com a autoconfiança e estabilidade do rapaz. Por fim, com o tempo acabando, Ashley se lembrou de fazer a pergunta número 1, e disse:

– Dave, você já traiu alguém?

Dave sorriu, descruzou as pernas e inclinou-se para frente, dizendo:

– O que *você* acha? – perguntou de maneira ousada, antes de suspirar e continuar. – Sério, você não acha que isso é algo que depende de cada um? Quero dizer, acho que depende do que cada pessoa entende por trair.

Ashley deu de ombros e admitiu timidamente:

– Tudo bem, Dave. Mas gostaria de lhe fazer uma segunda pergunta. – Então ela lançou a questão número 2: – O que você acha que uma mulher deveria fazer se descobrisse que seu companheiro a está traindo?

Dave cruzou as pernas novamente e pensou um pouco antes de responder.

– Isso dependeria do que tivesse realmente acontecido – disse ele finalmente. – Quer dizer, acho que tudo depende do modo como ele se saiu de tal situação. O cara se desculpou? Ele de algum modo compensou sua companheira? Quem sou eu para julgar?

Ashley então explicou:

– Bem, eu não estou pedindo que você julgue ninguém, Dave. Somente lhe pedi que fosse honesto consigo mesmo.

Naquele momento a campainha tocou. O rapaz se levantou da cadeira e apertou a mão da jovem como se ambos estivessem simplesmente falando sobre o clima.

– Espero que logo nos vejamos novamente – disse ele.

Apesar de tudo, Ashley corou e teve de admitir, ao menos para si mesma, que aquilo provavelmente aconteceria.

Chuck

O próximo pretendente era Chuck. Ele tinha quase 40 anos, mas ostentava um visual de garotão. Tinha rosto de bebê, usava óculos de aro fino e exibia um sorriso permanente no rosto. Apesar de não ser fisicamente atraente ou demonstrar o mesmo magnetismo pessoal de Dave, ele parecia sincero e seu entusiasmo era contagiante.

Assim como o candidato anterior, ele também quebrou a primeira regra e cumprimentou-lhe antes mesmo de se sentar. Ashley reparou que a mão dele estava quente e úmida, mas, ao contrário de sentir-se mal por isso, ela apenas imaginou de maneira levemente afetuosa como alguém que parecia ser tão altamente confiante por fora poderia estar tão nervoso por dentro. Em poucos instantes ambos já estavam rindo conspiratoriamente de alguns outros casais ao redor, que, aliás, pareciam bastante desesperados.

Chuck agiu sempre corretamente: fez várias perguntas e pareceu escutar enquanto ela falava; ele até mesmo riu de suas piadas sem graça. Apesar de Ashley não ter se sentido fisicamente atraída por Chuck, percebeu que ele era sem dúvida alguém com quem era fácil de conversar. Não seria difícil partir para a primeira questão, já que um terço do tempo que ambos tinham para ficar juntos já havia se passado.

– Você já traiu alguém, Chuck?

– Não! Absolutamente, nunca!" – respondeu Chuck imediatamente, encarando-a de frente e olhando-a nos olhos. De fato, ele pareceu muito sincero quando questionou: – Por que você me pergunta isso? Mas antes mesmo que ela tivesse a chance de responder, ele concluiu com uma expressão distante em seu rosto. – Eu não respeito homens que traem.

Ashley ficou em dúvida quanto à resposta de Chuck ter sido rápida demais, perfeita demais. Não sabia se ele estava realmente apenas sendo sincero. Intrigada, rapidamente lançou a segunda questão:

– O que acha que uma mulher deveria fazer se descobrisse que seu parceiro a está traindo?

Chuck pensou na questão por um segundo antes de responder.

– Deveria dar-lhe um belo fora! – disse ele. Mas depois de um longo momento de constrangedor silêncio, ele acrescentou: – Ashley, eu tenho uma confissão a fazer.

– Oh, oh! – pensou Ashley. – Lá vem. – Mas ela se surpreendeu quando, ao invés de lançar uma bomba, do tipo "Eu traí a minha última namorada", Chuck confessou outra coisa em detalhes.

– Peço-lhe desculpas por ter respondido dessa maneira. – Dificilmente Ashley chamaria tamanha firmeza em negar qualquer tipo de traição como uma resposta grosseira. Chuck continuou: – Bem, é sobre a minha última namorada. Na verdade, para ser totalmente honesto, nós não terminamos o relacionamento amigavelmente. Após namorarmos por três anos, descobri que durante dois deles ela havia me traído. Por mais compreensivo que eu seja, às vezes até em demasia pelo que dizem os meus amigos, isso eu simplesmente não poderia tolerar.

Apesar das instruções que recebera da melhor amiga para não se afeiçoar a ninguém já naquele primeiro encontro, Ashley passou o resto da noite fazendo exatamente o contrário. No momento em que Chuck relutantemente se levantou para mudar de mesa, parecia que ambos já se conheciam havia meses, talvez anos.

Ela também ficou triste ao vê-lo partir. Especialmente quando viu o terceiro rapaz surgir à sua frente.

Phil

O evento já estava na metade quando ela o viu pela primeira vez. Era como se a palavra "contador" estivesse escrita em sua testa, desde os sapatos pretos bem polidos até o terno cinza mal-ajustado; dos óculos embaçados ao corte de cabelo batidinho. Ele parecia nervoso e tímido e, diferentemente dos rapazes que já havia encontrado naquela noite, foi um dos únicos que não quebrou as regras e apertou sua mão.

Contudo, Ashley pareceu gostar disso. Ela já havia encarado alguns "bad boys" no passado (os Daves desse mundo), e, agora, parecia estar diante de alguém que prezava as regras. Phil não costumava falar muito; permanecia calado até que Ashley lhe perguntasse alguma coisa. E quando ela finalmente lhe fez a questão número 1, ele pareceu recuar.

– Você está me perguntando isso prá valer? Eu pareço esse tipo de homem? – perguntou, mostrando-se desconfortável em sua cadeira e soando como se estivesse na defensiva. Então continuou: – Bem, quer dizer, eu não sei por que isso é importante; eu jamais trairia você!

Ashley ficou impressionada com a veemência do rapaz. Para um cara aparentemente tão acanhado, ele parecia ter convicções bastante claras em relação à infidelidade. Será que, do mesmo modo como ocorrera com o pobre Chuck, ele também havia sido traído no passado? Ou teria sido ele o traidor? Ashley não sabia.

A única maneira de descobrir era seguindo adiante e fazendo a segunda pergunta:

– O que acha que uma mulher deveria fazer se ela descobrisse que seu companheiro a está traindo?"

– Deixe-me perguntar o seguinte – contra-argumentou Phil, sentando-se ereto –: o que *você* faria se descobrisse que o *seu* companheiro a está traindo?"

– Eu já *passei* por isso, Phil – confessou Ashley, com um olhar desamparado. – E eu gostaria muito de dizer que terminei com ele, mas, ao invés disso, eu o perdoei e lhe dei uma segunda chance. Mas ele acabou sendo infiel uma segunda vez. Pelo menos espero que tenham sido apenas duas vezes! Seja como for, no final das contas tive que terminar com ele. – Talvez ela tenha imaginado que sendo totalmente honesta, ele faria o mesmo.

Ashley não sabia exatamente o que pensar de um homem que respondia a uma pergunta com outra, mas, depois daquela intrigante confissão, não se deteve em questioná-lo sobre seus relacionamentos. Para a sua surpresa, ele pareceu aberto e bastante ansioso para conhecê-la melhor. Infelizmente, Ashley não tinha certeza de que sentia o mesmo em relação ao bom e velho Phil. (E, diga-se de passagem, ele era de fato um contador!)

Sam

O último encontro da noite seria com Sam, um rapaz com menos de 30 anos e talvez até um pouco jovem demais para Ashley. Vestia-se com calças jeans justas e uma camiseta com capuz. Pelo que ela percebeu, seu rosto não estava barbeado e ele parecia propositalmente desleixado; suas sobrancelhas eram cuidadosamente esculpidas e seus olhos de um verde rico e profundo. Apesar da diferença de idade, assim que Sam sentou-se à sua frente, inclinou-se para trás e cruzou as pernas na altura do tornozelo. Ashley sentiu-se imediatamente atraída pelo jovem.

Os dois conversaram por alguns minutos até que o celular de Sam tocou. Contudo, antes mesmo de o rapaz conseguir silenciá-lo, o que fez demonstrando grande embaraço, ela conseguiu reparar que o som da chamada era uma de suas canções favoritas. Isso trouxe à tona uma animada discussão sobre grupos musicais favoritos. O bate-papo durou tanto que ela acabou percebendo que teria apenas alguns minutos restantes para lhe fazer as perguntas necessárias.

– Você já traiu alguém?

Sam olhou-a intrigado e ficou em silêncio por alguns segundos. Então disse:

– Não, na verdade não. Bem, durante o baile de formatura a minha parceira ficou bêbada e beijou outros dois, digo, três, caras que estavam na pista de dança. Então, em retaliação, eu beijei a diretora na bochecha. Isso conta?

Segunda pergunta.

– O que você acha que uma mulher deveria fazer se descobrisse que seu parceiro a estivesse traindo?"

Desta vez, Sam pareceu levemente mais incisivo:

– Ela deveria terminar com ele; definitivamente acabar com o relacionamento!" – disse ele. Então completou: – Sem dúvida ela deveria arrumar outro namorado! – E ao perceber que Ashley acenava em concordância, Sam acrescentou de modo bastante perceptivo: – Ei, é por isso que você está aqui hoje?

Você consegue identificar o mentiroso?

Aqui estamos nós, diante de quatro prováveis candidatos e de duas questões bastante simples, porém derradeiramente reveladoras. Você acha que já sabe quem é o mentiroso – ou quem são os mentirosos?

Pense um pouco, será que o manhoso contador com seus óculos embaçados tinha algo a esconder? Acha que Dave era charmoso demais? Será que, assim como Ashley, você não se encantou apenas com sua aparência, sem dar a ele o devido valor? Será que o Sam era honesto em demasia para o seu próprio bem? Será que o gentil e simpático Chuck conseguiu fazer com que a noite girasse totalmente em torno dele, sem que a pobre Ashley se desse conta disso?

Não tenha certeza demais. Muitas vezes o encantador é realmente encantador; frequentemente, os que dão gafes estão, de fato, apenas sendo deselegantes. Por outro lado, eu e você conhecemos bem o popular ditado: *Se parece bom demais para ser verdade, provavelmente o é.*

Talvez a boa aparência de Dave esteja apenas escondendo um mestre na arte da manipulação. Talvez a postura de bom moço de Chuck seja exatamente isso, apenas uma postura. Talvez a capacidade intelectual de Sam esteja muito além do que se espera de sua idade. E quem sabe exatamente o que Phil está escondendo por trás daquelas lentes embaçadas?

Com toda minha experiência, posso garantir-lhe que os mentirosos se apresentam em todas as formas e tamanhos. Se já foi enganada por alguém que você acreditava "ser *incapaz* de fazer uma coisa dessas com você", é provável que concorde comigo.

É claro que, diferentemente de Ashley, eu não estava prestando atenção nos cabelos escuros, nos olhos azuis e nas unhas bem aparadas de Dave; estava mais preocupado com a maneira como estava sentado quando respondeu à primeira questão de Ashley; com o modo como a voz dele mudou, se é que isso ocorreu; e com o que ele disse – e como agiu – posteriormente.

A maneira como Sam se sentou de frente para Ashley foi, para mim, muito mais significativa do que o irônico slogan em sua camisa com capuz. O que importa especificamente é se ele foi ou não capaz de manter aquela postura relaxada ao responder às questões de Ashley, ou se ele modificou seu comportamento quando finalmente decidiu falar, se é que o fez.

Como você em breve irá descobrir, a mentira muitas vezes nos é apontada não por aquilo que o enganador nos diz, mas, sim, pelo que ele *faz*. Se tudo lhe parece confuso neste momento, apenas continue lendo; sua própria insígnia de detetive de relacionamentos a aguarda!

Plano de ação para o Capítulo 1

É importante que você conheça um pouco melhor os nossos quatro participantes – Dave, Chuck, Phil e Sam –, pois escutará mais a respeito deles mais tarde neste livro. Então, preparemos um cartão de pontuação para cada "jogador" e vejamos como eles se saem com respeito à enganação.

Leia novamente este primeiro capítulo e preste atenção nos sinais de possíveis mentiras, verbais e não verbais. Marque essas páginas em seu livro. Conforme seguimos adiante, e formos descobrindo mais pistas sobre quem enganou Ashley naquela noite, é importante que mantenha o placar devidamente atualizado.

Bônus: *Visite o site www.editoragente.com.br/seraqueelemente.pdf e faça o download do cartão de pontuação digital. Este inclui também as ações para este capítulo.*

Bônus especial: *Visite o site <www.facelessliar.com> e tenha acesso a um trecho do novo livro de Dan Crum,* The faceless liar: is he lying to you on the phone, e-mail, text, or chat?*

* *Sem título em português. Em tradução livre:* O mentiroso sem face: será que ele está mentindo para você ao telefone, por e-mail, por escrito ou no bate-papo pelo computador? *(N.T.)*

1 **2** 3 4 5 6 7 8 9 10

Por que ele está mentindo?

Você sabia que uma mentira nunca é apenas uma mentira?

Existem na verdade diversos tipos de mentiras que os homens costumam contar, assim como vários níveis de enganação e diferentes motivos para se mentir. Algumas mentiras são classificadas como **omissões** (quando, por várias razões, deixamos de incluir algo em nossa resposta), outras recebem o nome de **falácias** (quando propositadamente passamos uma informação falsa ou ilusória).

Dentre os diferentes níveis, estão: a **significativa** – quando mentimos sobre nossa idade, renda, tipo de moradia ou até estado civil; e a **inofensiva**: quando enganamos alguém sobre nosso peso, altura ou QI, por exemplo, em um perfil on-line.

Você já se perguntou *por que* os homens mentem? Você talvez se surpreenda ao descobrir que nem toda mentira é prejudicial ou especificamente desenhada para ferir as mulheres. Na verdade, algumas mentiras existem mais para proteger os homens – ou ao menos seu senso de identidade – do que para machucar qualquer pessoa.

Por exemplo, um homem pode estar mentindo simplesmente para se safar de um embaraço (por exemplo, quando diz que suas roupas são tamanho médio, quando na verdade utiliza G ou até GG).

Ele também pode estar mentindo na tentativa de ser gentil (quando, por exemplo, não é absolutamente sincero sobre o que achou do seu novo vestido ou corte de cabelo). Talvez esteja mentindo para proteger sua privacidade (como nas ocasiões em que não fornece o nome completo da empresa multimilionária na qual trabalha, pelo fato de já ter enfrentado problemas com aproveitadores no passado, ou não diz qual a marca de carro que dirige).

Portanto, quando aprendemos a detectar a enganação, é muito importante que conheçamos não apenas os **tipos de mentiras** que os homens podem contar, mas também os **diferentes níveis de mentiras** e os **motivos que podem levá-lo a tal comportamento.**

Entender as razões é a chave para se detectar a enganação. Isso a ajudará a se tornar uma excelente detetive de relacionamentos. Quando se descobre que um homem está mentindo com o intuito de poupar os sentimentos de uma pessoa, é possível que nosso respeito por ele não cresça, mas certamente isso não fará com que a nossa confiança nele deixe de existir. É diferente das situações em que um homem faz uma afirmação falsa com o propósito de simplesmente enganá-la, como dando-lhe o número errado de telefone ou o e-mail incorreto.

A seguir, descreveremos os vários tipos e níveis de mentiras, assim como os motivos pelos quais os homens mentem.

Os dois tipos de mentiras que os homens contam: *omissão* e *falácia*

Digamos que em suas aventuras durante o *speed dating*, Ashley encontrasse dois novos rapazes no decorrer da noite: "Leo" e "Chad". Ambos acabam enganando-a, mas cada um de uma maneira única e específica.

Vamos começar por Leo.

Leo não pode ser considerado exatamente como dono de uma conversa charmosa e agradável, mas considerando-se que Ashley está agora procurando conscientemente perceber o uso da mentira, ela se manterá atenta à nervosa tagarelice do rapaz, assumindo que ele está escondendo alguma coisa.

Quando, por exemplo, ela lhe pergunta "No que você trabalha?", ele responde rapidamente: "Estou na área de seguros". Ashley fica impressionada. Não se considerando uma especialista em assuntos financeiros, mas conhecendo o suficiente sobre Wall Street para saber que "seguros" é um termo muito genérico, ela resolve ir um pouco mais fundo e perguntar onde exatamente ele trabalha.

Leo diz simplesmente: "No centro". Ashley se empolga e afirma: "Oh, eu também. Eu trabalho no edifício Quincy. Você trabalha próximo dali?"

Leo murmura: "Não fica longe". E antes que Ashley possa continuar a questioná-lo, ele rapidamente muda de assunto. Por estar distraída, a jovem não percebe claramente o momento ou o modo pelo qual Leo a engana, muito menos por quê.

Antes que ela possa notar a enganação, o tempo de Leo acaba e Chad senta-se rapidamente à sua frente. Chad é jovem e atlético. Seu visual é pouco sofisticado e sua pele é pálida. Ele não parece ter se barbeado nos últimos dias, o que faz com que sua aparência pareça mais desleixada do que a dos outros caras de meia-idade, que perambulam por ali com suas calças cor cáqui e camisetas Oxford convencionais.

Eles conversam um pouco e Ashley acaba lhe perguntando sobre sua família. Cansada de se sentir como se estivesse interrogando aqueles rapazes e de escutar histórias entediantes sobre trabalhos de contabilidade, a jovem queria apenas um bate-papo tranquilo. Tendo sido criada em uma família grande, Ashley percebe que o mesmo parece ter ocorrido com Chad, quando diz entusiasmadamente: "Eu tenho *vários* irmãos e irmãs".

Sentindo uma conexão instantânea, Ashley lhe pergunta quantos são, ao que o jovem responde: "Dois irmãos e quatro irmãs. Dá para acreditar nisso?"

Ashley se impressiona e comenta: "Quatro irmãs? Isso explica suas boas maneiras".

Chad enrubesce. A conversa logo retoma assuntos triviais, como trabalho, clima e assim por diante. Contudo, pouco antes de se despedir depois de tanta conversa fiada, o rapaz diz distraidamente: "Dê um alô para os seus irmãos por mim. Eu sempre quis ter um irmão".

Ao vê-lo partir, Ashley acena com a cabeça. Surge então em seu rosto um sorriso congelado quando percebe que fora brilhantemente enganada. Existem apenas duas explicações: ou Chad havia mentido ao dizer que tinha dois irmãos e quatro irmãs, ou então o havia feito quando disse que ele sempre quis ter um irmão. Qual teria sido a mentira?

Embora de maneiras um pouco diferentes, *ambos* os rapazes haviam enganado Ashley. A questão é: por quê?

Omissão: a arte de deixar de mencionar alguma informação

Quando Leo propositalmente evita responder às questões colocadas por Ashley, deixando de informar o que ele faz exatamente, em que empresa ou mesmo em que prédio trabalha, ele se envolve em um ato de enganação conhecido como omissão.

Quando alguém omite, deixa de mencionar alguma coisa com o objetivo de lograr outra pessoa. É possível que ao omitir alguma informação, os homens não estejam tentando machucá-la ou tenham a intenção de enganá-la; eles apenas acreditam fortemente que quanto menos informação passarem, melhor.

Isso pode ocorrer caso tenham sido terrivelmente machucados em seus relacionamentos anteriores. Isso, por sua vez, pode ter ocorrido justamente pelo fato de terem se aproximado de alguém de maneira repentina e demasiada, e até partilhado excessivamente com essa pessoa. Em contrapartida, é possível que tenham sido criados em lares que careciam de confiança, ou que trabalhem em áreas nas quais a posse de informação significa poder, como na política, no direito ou mesmo em finanças.

Homens que omitem informações, mesmo que pequenos detalhes quase imperceptíveis, acreditam que caso suas parceiras saibam tudo sobre eles, elas agirão de modo diferente, rejeitando-os, ignorando-os e até mesmo demonstrando menos respeito do que antes.

Por exemplo, quando Leo omite a informação sobre o que faz e onde trabalha, não está deliberadamente tentando magoar ou até enganar Ashley; está apenas querendo parecer uma pessoa melhor para ela. O modo que encontra para fazê-lo é deixando de fornecer toda a informação e, desse modo, não respondendo às suas perguntas de maneira plena e honesta.

Quando Leo diz que trabalha com "seguros", está tentando na verdade esconder o fato de que trabalha na *área de segurança* como vigilante patrimonial. Se Leo tivesse dito a Ashley o nome da empresa – Sutherland Security Corporation* –, ela possivelmente tivesse percebido que ele não é um bem-sucedido analista financeiro na área de seguros. Sendo o prédio da Sutherland um ponto de referência na cidade, mesmo que tivesse fornecido apenas o endereço do prédio, tal informação poderia tê-lo denunciado.

Por que Leo enganou Ashley em primeiro lugar?

Talvez ele tenha sido desprezado no passado por mulheres que não levaram seu trabalho a sério. É possível que estivesse apenas inseguro ou que simplesmente seja uma pessoa discreta que não goste de partilhar uma informação tão pessoal (em seu entendimento) logo no primeiro encontro.

Alguns homens sentem-se mais confortáveis com o logro do que outros; contudo, no que tange às diferentes maneiras de se enganar as pessoas, homens que omitem informações não estão no topo da lista como sendo os piores. Na verdade, Leo parece estar bastante desconfortável em omitir informações de Ashley;

* *Empresa na área de segurança patrimonial localizada em Winnipeg, Canadá. (N.E.)*

nesse sentido, ele até mesmo se permite dizer que eles deveriam se ver novamente e utiliza o termo "seguros", que sempre pode ser esclarecido posteriormente quando decidir que é o momento de revelar sua verdadeira função.

Falácia: mentiras propositais

Jamais saberemos qual afirmação de Chad era dolosa – aquela segundo a qual ele já tinha dois irmãos ou a outra, em que ele alega sempre ter desejado um irmão. Seja como for, Chad se envolveu em um tipo de enganação conhecido como falácia; em outras palavras, trata-se de uma mentira proposital.

Entre os sinônimos para o termo *falácia* estão a "noção ilusória", a "crença equivocada", e até mesmo o "mito". Portanto, não surpreende o fato de que aqueles que perpetram uma falácia têm plena consciência de que o estão enganado.

Quando os homens respondem às questões utilizando-se de falácias, estão na verdade transmitindo informações incorretas. Chad afirma que tem dois irmãos, e, em seguida, diz que gostaria de ter um irmão. Qual informação está correta? O número de irmãos neste caso é absolutamente irrelevante para alguém como Ashley, ou ao menos deveria ser, se analisado sob a luz de que qualquer uma das proposições que esteja correta tornará a outra absolutamente incorreta, ou seja, **propositadamente falsa**.

É importante salientar mais uma vez que nem todo homem que se utiliza de uma falácia está tentando feri-la. Contudo, bem mais do que os que simplesmente omitem, *estão* deliberadamente tentando enganá-la. Eles podem até não perceber o que estão fazendo, já que alguns indivíduos mentem por hábito. Quanto mais se dão bem com esse comportamento, mais fácil se torna – e nada mudará até que alguém lhes chame a atenção.

Os dois níveis da enganação: *significativo* e *inofensivo*

Quando os homens mentem, eles o fazem de duas maneiras, ou seja: por meio de mentiras **significativas** ou **inofensivas**. O primeiro tipo tem o poder de ferir, trair e assustar, enquanto o segundo pode ofender e até mutilar, e de um modo bastante singular.

Seja como for, você está sendo enganada. O que varia é o grau de enganação.

Nível significativo

- Eu só tive dois ou três relacionamentos sérios na minha vida.
- Ganho 250 mil dólares por ano.
- De jeito nenhum; eu não sou casado!

À primeira vista, tais afirmações podem não soar como enganação. Afinal, muitos homens preferem ser monogâmicos; milhões deles ganham um quarto de milhão por ano; e outros milhões deles não são casados.

Entretanto, se um homem já teve mais do que quatro relacionamentos sérios ao longo de sua vida e está minimizando esse número, se ele não ganha o montante mencionado ou sequer chega perto disso, e, principalmente, se for casado, tais afirmações não são apenas simples mentiras, mas são do nível *significativo*.

Uma mentira é considerada significativa quando tem o poder de mudar nossa completa percepção em relação a outra pessoa. Por exemplo, um indivíduo que ganha menos de 100 mil dólares por ano não é melhor nem pior do que alguém que ganhe 250 mil dólares; mas é sem dúvida bastante diferente.

Se estiver planejando uma vida ao lado de um homem assim, a percepção que tem dele será irrevogavelmente alterada ao tomar ciência da mentira. Por exemplo, talvez você planejasse permanecer em casa para criar seus filhos, mas isso seria praticamente impossível com o salário real que ele recebe, embora fosse perfeitamente normal com o salário previamente informado.

Em outras palavras, a mentira torna-se significativa pelo fato de criar uma percepção inteiramente diferente daquela que teríamos caso a verdade tivesse sido dita. Por outro lado, uma mentira é considerada inofensiva (em uma escala relativa) quando ela é tão insignificante a ponto de não alterar drasticamente a percepção que você teve da pessoa que a está enganando.

Nível inofensivo

- Meu outro carro é uma Ferrari.
- De modo algum; somente os fracassados vivem com os pais depois de terem completado 20 anos.
- Participei de um episódio de uma série de TV na semana passada.

Todos os dias, muitos homens contam mentiras razoavelmente inofensivas sem que haja malícia em seus corações. Nós vivemos em uma cultura baseada no "ter" ou "não ter", no "ser rico" ou "ser pobre", no "ser famoso" ou "ser desconhecido"; resta bem pouco entre os extremos.

Quando os homens percebem a si mesmos como pobretões, insatisfeitos, menos que especiais, ou até mesmo pouco atraentes para o sexo oposto, eles naturalmente querem se mostrar mais poderosos e realizados. Nesse caso, tentam parecer mais especiais e/ou interessantes; isso é algo que fazem normalmente utilizando o que eu denomino como "empolar seu próprio currículo emocional".

Homens que contam mentiras relativamente inofensivas pensam do seguinte modo: *Oras, todo mundo faz isso. Por que eu não deveria?* Afinal, o fato de os perfis on-line e os serviços de relacionamento estarem repletos de mulheres que camuflam algumas de suas características físicas, e de homens que gostam de aumentar um pouco sua renda e alguns centímetros em sua altura, não ajuda em nada no quesito honestidade.

Por que é tão significativo dizer que um homem mente para você ao afirmar que sua renda anual é 250 mil dólares, quando na verdade ganha apenas 75 mil dólares, enquanto é totalmente inofensivo dizer que o seu "outro carro" é uma Ferrari, quando ele apareceu para o primeiro encontro dirigindo um Honda?

A diferença está nas expectativas realísticas que são criadas. Um montante de 250 mil dólares é bastante específico e, em muitos cargos, um valor realista. Não é incrível nem fantástico escutar um homem dizer que ganha esse montante anualmente. Entretanto, pouquíssimas pessoas dirigem uma Ferrari; portanto, as mulheres assumem que se um homem diz algo como "Eu dirijo uma Ferrari", é porque ele está brincando ou tentando impressioná-la, o que seria relativamente inofensivo na escala geral da mentira.

Os quatro motivos pelos quais os homens mentem

Todo mundo mente, mas nem sempre pelos mesmos motivos. Alguns homens estão realmente dispostos a machucá-la, e é por isso que eles mentem; outros tentam apenas protegê-la e, então, mentem. Enfim, há muitas razões pelas quais os homens se comportam desse modo, e nem sempre isso significa que sejam pessoas más.

Veja a seguir as quatro razões pelas quais os homens mentem.

Preservação: redobrando o problema

Por décadas os homens foram considerados os provedores, ou seja, o macho, o alfa, a abelha-operária, a alma sensível, o defensor etc.; agora, mais do que nunca, esta história de sucesso tem se transformado, já que as mulheres estão competindo na mesma força de trabalho e dentro das mesmas condições econômicas atuais, o que impõe grande pressão sobre os valores tradicionais da família, assim como nos papéis de cada um em casa e no local de trabalho. Isso faz com que alguns homens sintam-se ameaçados pela sua (perceptível) falta de sucesso aparente.

Aos olhos desses indivíduos do sexo masculino, cinco dígitos e, as vezes, até seis deles simplesmente já não funcionam mais; eles estão "nisso para vencer", e quando um fracasso ou uma inevitável instabilidade econômica se estabelece, ao invés de partirem para a autodepreciação, ou mesmo de relaxarem um pouco, eles teimosamente se apegam a esta bem-sucedida, apresentável e poderosa imagem que criaram de si mesmos.

Para esses homens, a mentira não visa necessariamente a machucar alguém, mas proteger a eles próprios, ou, mais especificamente, a imagem que criaram de si mesmos. Eles precisam desesperadamente ser notados de uma maneira específica, mostrando-se bem-sucedidos, ricos, criativos, inteligentes, bonitos, magros, atléticos, sensíveis, machões, e por aí vai. Independentemente do tipo de imagem que estejam tentando criar, o mais importante é que você a compre. Portanto, todas as respostas que eles dão são elaboradas para sustentar e, ao mesmo tempo, refletir cuidadosamente o panorama que esboçaram.

Especificamente, existem duas maneiras pelas quais esses homens, tão preocupados a respeito da própria imagem, utilizarão o logro em seu próprio benefício.

Autopreservação. Quando o senso de si mesmo (o "eu") é tão importante que ele fará o que for preciso para protegê-lo, a mentira torna-se meramente parte de uma operação que segue um procedimento padrão. Homens que agem desse modo tentam na verdade oferecer suporte a si próprios, muito mais do que lográ-la. Por exemplo, um homem que perdeu a autoconfiança, mas cuja própria existência depende do sucesso, do dinheiro e de outros promotores de confiança, responderá enganosamente no tocante ao carro que dirige, à casa onde mora, ao emprego que possui e até à própria renda. Isso visa a garantir que suas mentiras em breve se tornarão verdades, e, ao mesmo tempo, a manter o cenário nublado para os outros. Ele pode até mesmo acreditar no que diz e considerar que sua mentira seja "inofensiva" porque, embora esteja ganhando somente cinco dígitos agora, logo voltará a ganhar seis novamente. Então poderá dirigir um belo carro e viver sozinho, deixando a casa dos pais. Esse tipo de homem acredita que é necessário "inventar até alcançar".

Proteção da imagem. Autopreservação é a salvaguarda do próprio ser e de seus próprios objetivos neste planeta. A proteção da imagem é, em contrapartida, o ato de manter o senso de propósito ou de lugar perante os outros. Então, por exemplo, um homem pode lhe dizer que está comprando um novo imóvel, quando na verdade está tentando reduzir suas despesas, mudando para um lugar menor, afinal, ele tem uma imagem a preservar. Talvez ele estivesse no ramo imobiliário e tenha se acostumado aos bons tempos, antes de o mercado entrar em declínio. Agora ele está mal preparado para lidar com os tempos difíceis, e, ainda que suas finanças estejam em queda livre, ele parece não conseguir se libertar daquela imagem que costumava ter de si próprio, ou seja, de um corretor de imóveis que voa alto e a toda velocidade. Quando ele usa a mentira nesse caso, é muito mais para impressionar uma mulher do que feri-la.

Cortesia: os sentimentos de uma mulher são importantes para ele

Geralmente, somos levados a acreditar que toda mentira é negativa ou, se não necessariamente negativa (dependendo dos escrúpulos com os quais estamos acostumados em nossa casa enquanto somos criados), pelo menos concebida para ferir outras pessoas. Mas você sabia que existe um tipo específico de enganação desenhado para poupar sentimentos?

Talvez um dia você já tenha perguntado a um colega do sexo masculino: "Você gosta do meu novo vestido?" E ele tenha respondido de imediato: "Claro que sim!" – mesmo que não tenha achado que lhe caiu bem. Talvez você também já tenha questionado o seu parceiro, em meio a um restaurante lotado: "Gostou do meu novo penteado?" e é possível que ele tenha respondido instantaneamente "Sim", mesmo que não seja o caso.

É possível que tais respostas signifiquem apenas que o vestido não era fenomenal e que o cabelo não estava deslumbrante. A questão é que a maior parte dos homens é instruída a dizer "sim", "maravilhoso", "fantástico", "super", ou a utilizar algum outro superlativo gratificante quando forem questionados sobre tais assuntos. A menos, é claro, que o vestido em questão seja tão espalhafatoso que possa arruinar a reputação da mulher pelo resto da vida, ou que o tal penteado pareça tão ridículo que ela possa ser atacada por pássaros assustados ao sair de casa.

Isso seria uma mentira? Tecnicamente falando, sim. Se um homem acha que seu vestido é um desastre, mas lhe diz o oposto, ele está de fato mentindo, mas o faz única e exclusivamente para poupar seus sentimentos.

Privacidade: qual o sentido de fazer perguntas tão pessoais?

- Quanto você ganha por ano?
- Como anda a sua vida sexual?
- Qual carro você dirige?

Agora, é preciso admitir – estas são questões demasiadamente pessoais para se fazer a um homem durante um encontro às escuras, na primeira vez em que sai com ele ou até mesmo na terceira! Talvez a curiosidade faça parte de sua personalidade; é possível que alguns caras respondam a isso numa boa e não tenham nada a esconder – ou que tenham muita autoconfiança. Outros, contudo, titubeiam diante de questões tão pessoais; eles não as enxergam como divertidas, legais, ou mesmo como assuntos para um bate-papo, e, sim, como uma espécie de interrogatório, talvez até uma investigação. Resumindo, eles as levam para o lado pessoal.

Ao invés de dizer "Bem, isso é pessoal", ou "Isso não é da sua conta", homens desse tipo tentarão proteger a privacidade. Eles não fugirão das perguntas, mas serão capazes de respondê-las de maneira enganosa.

Por exemplo, se você indagá-lo a respeito de seu salário anual, ele poderá dizer: "Seis dígitos", quando na verdade são apenas 50 mil dólares. Ou, talvez, ao ser questionado sobre sua vida amorosa, ele responda "Não tenho me envolvido em relacionamentos mais sérios há algum tempo", quando na verdade, nos últimos tempos, ele tem estado mais enrolado com garotas do que Tiger Woods em uma viagem a Las Vegas. Quanto ao automóvel, ele possivelmente aponte para um carro esporte vermelho estacionado e diga "Aquele é o meu carro", mesmo que o veículo pertença ao pai ou ao irmão – ou pior, que seja alugado.

Nesse caso, o objetivo da mentira não é fazer o homem parecer melhor, como no caso da autopreservação ou da proteção da própria imagem, e, sim, manter alguma privacidade.

Talvez eles digam que ganham seis dígitos quando, na verdade, recebem muito mais do que isso; eles simplesmente gostariam que as pessoas se aproximassem deles pelo que são, e não por causa do quanto têm na carteira. Talvez eles não digam que tipo de carro dirigem nem apontem para o veículo certo porque não querem que você anote o número da placa enquanto estiver usando o banheiro masculino (é verdade, isso acontece). É uma questão de privacidade para eles; nada mais, nada menos.

Agora, mais do que nunca, vivemos em um mundo em que é preciso erguer barreiras e valorizar a autoproteção. Desde praticamente o nascimento, as mulheres são ensinadas a não dar o seu número de telefone e/ou endereço a estranhos, a manter distância, a não se apressar, a manter a privacidade e a ser ariscas até que possam confiar suficientemente em um relacionamento.

Os homens também estão cada vez mais interessados em assegurar algumas barreiras, falsificando discretamente algumas respostas durante um encontro, ou mesmo em uma entrevista de emprego, o que é um bom modo de manter alguma privacidade.

Mentira: pura e simples

Por último, mas não menos importante, o quarto motivo pelo qual os homens mentem é, simplesmente, para serem enganosos; para lográ-la e ponto. Isto é o que chamamos de mentira absoluta; não há outro modo de defini-la. Pode ser maliciosa ou não, imbuída de uma intenção verdadeiramente hostil ou puramente danosa, mas esse tipo de enganação é uma mentira descarada.

Por exemplo, um homem casado pode dizer: "Ah, aquela marquinha branca no meu dedo anelar? É que eu me cortei na semana passada enquanto cuidava do jardim e coloquei um pequeno curativo no local". Isso não é uma omissão, tampouco uma falácia. E é uma mentira muito mais significativa do que inofensiva; este sujeito está mentindo descaradamente para você, e quanto antes você desvendar o que está acontecendo, mais cedo deixará de perder tempo ao lado dele.

Em outra situação, um candidato a uma vaga poderia dizer: "Atualmente estou desempregado", quando na verdade ele trabalha para seu maior concorrente. Outro pode dizer que já tem o MBA, mas sequer terminou a faculdade. Embora o diploma não faça diferença, o que importa é que o indivíduo mentiu.

Um mecânico de automóveis poderia alegar que você precisa de um novo sistema de freios, na frente e atrás, o que lhe custará 1.700 dólares, quando na verdade só o que você precisa são pastilhas de freio, que, aliás, um amigo poderia instalar por 120 dólares (material e mão de obra inclusos).

Todos sabemos que os homens ludibriam por uma variedade de motivos; estamos cientes de que há níveis diversos de logro. O que não podemos negar é que, independentemente da razão, uma mentira é sempre uma mentira, e que o pior tipo é a descarada, pura e simples.

Plano de ação para o Capítulo 2

Agora que você já sabe o *motivo* pelo qual os homens mentem, é importante começar a categorizar as diferentes formas de enganação às quais estará sujeita diariamente. Por exemplo, neste capítulo analisamos os principais tipos de mentira:

- **Omissão**: deixar de mencionar alguma coisa.
- **Falácia**: mentir propositadamente.

Quando começar a procurar por sinais de enganação em sua vida, não simplesmente generalize, dizendo: "Oh, eu acho que esse cara está mentindo para mim". Seja específica, determine se um homem está omitindo informações ou se ele está deliberadamente utilizando-se de uma falácia, ou seja, mentindo de modo descarado.

Sugiro que mantenha uma tabela atualizada durante toda a semana (pode ser um pouco deprimente pensar que as pessoas estejam mentindo para você diariamente). Se, antes de sair para o trabalho toda segunda-feira, você se lembrar de enfiar uma folha de papel de rascunho em sua bolsa, valise, maleta do laptop ou mochila, você poderá utilizar um lado para listar todas as omissões que escutar e o outro, para anotar todas as falácias.

É fácil perder a conta, já que somos constantemente enganados. Quando começar a realmente rastrear algo sobre o qual tenha alguma suspeita, e também o tipo de mentira que a gerou, o conceito de detetive de relacionamentos se tornará muito mais real. Além disso, quando você tiver um melhor entendimento sobre a distinção entre omissão e falácia, poderá começar a determinar também qual o tipo de mentira que os homens contam: significativa ou inofensiva. Veja a seguir um modelo comum para tal registro:

> *Terça à tarde.*
> *Brent omitiu o fato de ter encontrado com sua ex-namorada enquanto estava no shopping center.*
> Significativo.
>
> *Quinta à noite.*
> *Alan se "esqueceu" de que já me havia dito que iria a um show de rock no sábado à noite e então comentou que compareceria à festa de aniversário de sua mãe no mesmo dia.*
> Falácia – significativa.
>
> *Domingo de manhã.*
> *Tyler se esqueceu de mencionar que recebeu uma multa por excesso de velocidade no caminho para minha casa na noite anterior.*
> Omissão – inofensiva.

Lembre-se de que a meta não é listar todas as mentiras que perceber e então refletir sobre o quanto os homens são malévolos; o objetivo desse exercício é categorizar e rotular as mentiras, de modo que você não esteja apenas ciente de que foi enganada, mas saiba também como, por que, quando e onde.

Bônus: *Visite o site www.editoragente.com.br/sera-queelemente.pdf e faça o download do diário digital que inclui as ações tomadas neste capítulo.*

Bônus especial: *Visite o site <www.facelessliar.com>* e tenha acesso a um trecho do novo livro de Dan Crum,* The faceless liar: is he lying to you on the phone, e-mail, text, or chat?

* *O conteúdo do site está em inglês. (N.E.)*

1 2 **3** 4 5 6 7 8 9 10

Não procure por um comportamento verdadeiro

Você já foi assistir a um filme sabendo de antemão que iria adorá-lo?

Talvez você seja uma grande fã do diretor, ame todos os seus filmes e realmente respeite o que ele já produziu em sua carreira. Talvez você tenha uma queda pelo ator principal, tenha acompanhado sua carreira e saiba que ele é um profissional extremamente talentoso. É possível que seja uma adaptação do seu livro favorito, e você tenha certeza de que com esse diretor, ator e material, o projeto simplesmente não poderia dar errado. Talvez você apenas esteja no clima para um emocionante mistério inglês e saiba que ele reúne todos os elementos certos para satisfazê-la.

Em suma, você está predisposta a gostar do filme, seja qual for o motivo – diretor, ator, adaptação, gênero –; todas as engrenagens parecem ter se encaixado perfeitamente, o que faz com que você fique perdidamente apaixonada pela película. Esqueça o que os críticos dizem, releve o fato de este não ser o melhor trabalho do diretor, ou de o sotaque do ator principal não ser convincente, ou que o livro original tenha sido assassinado, ou até mesmo que a história não contenha qualquer mistério nem seja emocionante; há grandes chances de que, ao deixar o cinema, você ainda esteja animada e satisfeita.

Por quê? Porque você tinha uma noção preconcebida a respeito do filme e já sabia que iria adorá-lo. Você não se permitiu aplicar um julgamento menos passional, não elegeu o filme conforme seus méritos; não julgou o real desempenho dos atores nem foi objetiva; simplesmente acomodou-se em sua poltrona e curtiu.

Minhas jovens, detesto ter de dizê-lo, mas *isto é precisamente o que vocês fazem com os homens.*

Vocês estão predispostas a acreditar naquilo que eles dizem, inclinadas a confiar neles e buscam ativamente nos homens um comportamento sincero, porque é isso o que vocês querem. E isso é o que vocês esperam porque *vocês estão* dizendo a verdade e, caramba, se vocês são honestas, então eles também devem ser. Em outras palavras, vocês estão utilizando as suas noções preconcebidas sobre homens, ou sobre um determinado tipo de homem, para "emoldurar" tudo o que eles fazem ou dizem.

Não tente enquadrar os homens

Uma das piores coisas em ser enganada é o fato de a mulher estar sempre em busca de um comportamento verdadeiro; durante essa jornada, geralmente ignoramos sinais óbvios, ou pelo menos bastante reveladores, do falacioso comportamento masculino.

Por exemplo: se uma pessoa confia em seu pai e sabe que ele jamais mente, sente-se naturalmente influenciada a vê-lo como um "homem honesto", e naturalmente *enquadra* tudo o que ele disser na categoria de confiável, o que acaba estabelecendo uma espécie de moldura comportamental verdadeira.

Enquadrar é algo que fazemos de maneira inconsciente; faz parte do nosso influenciável subconsciente (veremos mais sobre isso no próximo capítulo) no qual as nossas noções preconcebidas sobre uma determinada pessoa, um tipo de indivíduo ou até mesmo um grupo específico mascaram o nosso julgamento e acabam nos fazendo desconfiar quando desnecessário e, em contrapartida, sermos enganados quando menos esperamos.

Chamamos a isso "*enquadramento*", pois colocamos o indivíduo em uma espécie de moldura. Ele passa a existir em um vácuo.

O mundo exterior simplesmente deixa de importar; dentro dessa estrutura é onde toda a ação acontece.

Então, tudo o que essa pessoa é, e diz, acaba sendo filtrado dentro desse quadro que *você* mesma estabeleceu. É como aquele filme que você tanto adorou, apesar do fato de ninguém mais ter conseguido suportá-lo; você estruturou a película de acordo com suas noções preconcebidas até o ponto em que nada nem ninguém – nem mesmo o próprio filme – poderia fazer com que você desgostasse dele.

Com os homens é a mesma coisa: se você procurar por um comportamento verdadeiro, irá encontrá-lo. Se você desejar que ele lhe conte a verdade, mas interpretar todos os sinais que ele lhe enviar tomando como base os seus próprios critérios, ao invés de escutar e reagir de acordo com o que está sendo realmente dito ou feito, então encontrará um comportamento verdadeiro – quer ele exista ou não.

Neste capítulo, gostaria de compartilhar um princípio muito importante segundo o qual jamais devemos procurar por um comportamento verdadeiro. Por quê? É simples.

O comportamento verdadeiro pode ser fingido

Se procurar por um comportamento verdadeiro, estará na verdade ajudando os homens a dar a você exatamente o que quer; estará fornecendo a qualquer indivíduo do sexo masculino 50% de tudo aquilo que ele precisa para enganá-la. Se o seu companheiro for bom em enganá-la, pode ter certeza de que ele terá os outros 50% no bolso.

Sua contribuição, portanto, torna a parte dele fácil. Como você já está em busca de um comportamento honesto, ele só precisará se esforçar um pouquinho para enganá-la! Quais são os 50% da parte dele dessa equação? Simples. Ele já aprendeu a fingir um comportamento verdadeiro, de modo que será difícil para você perceber qualquer diferença entre o que você procura e a dissimulação por ele implementada.

Homens que têm o hábito de mentir já vêm praticando esta técnica há muito tempo, bem antes de conhecê-la; você não é a primeira vítima, pois eles já enganaram dezenas de mulheres, e por longos períodos. Muitos deles têm, portanto, se aprimorado cada vez mais nessa arte. Um sujeito consegue contar sua pequena história diversas vezes e, a cada encontro, ele a refina um pouco mais e ajusta os detalhes. A prática leva à perfeição, e o indivíduo torna-se um pequeno mestre da enganação.

Como ele refina suas histórias? Ele observa cuidadosamente as reações de todas as mulheres no momento em que conta suas aventuras. Se, por exemplo, ele está se gabando sobre o seu iate e todas as celebridades que estavam a bordo no último final de semana, e uma das mulheres na roda torce o nariz em sinal de descrença, ele instantaneamente sabe que foi longe demais e imediatamente pensa nas devidas alterações para a próxima oportunidade.

Dessa vez ele foi longe demais; o clima foi quebrado e provavelmente ele será pego, mas da próxima vez, ao invés de lançar os nomes de George Clooney ou Colin Farrell, talvez ele mencione alguém menos conhecido ou um pouco mais crível, digamos, Carrot Top* ou Pauly Shore** – eles ainda são celebridades, eles ainda têm o fator reconhecimento associado ao nome, mas, o que é mais importante, são ambos muito mais verossímeis.

---

* *Nome verdadeiro: Scott Thompson. Trata-se de um comediante norte-americano conhecido pelos cabelos ruivos e por seu humor autodepreciativo e irônico. (N.E.)*

** *Nome verdadeiro: Paul Montgomery Shore. Trata-se de um ator e comediante norte-americano. (N.E.)*

Detalhes são o triunfo de um enganador; quanto menos detalhes ele tiver que se lembrar, melhor. E quanto mais confiáveis, consistentes e similares esses detalhes forem, menor o risco de ele enfiar os pés pelas mãos. Então, ao invés de se arriscar a mencionar um iate de 44 pés, e depois dizer 23 pés, ele preferirá manter uma história mais simples e coerente.

Agora que ele refinou o padrão, o tamanho do iate será sempre o mesmo todas as vezes, assim como as celebridades a bordo, o destino exótico, o prato servido no jantar, o champanhe caríssimo etc. Como os melhores artesãos e contadores de histórias, os mentirosos mantêm o que funciona, usando-o diversas vezes; jogam fora o que não deu certo e substituem pelo que acreditam que *funcionará*.

Uma vez que a história esteja formatada, eles saberão exatamente quando e como contá-la, quais pontos soarão menos "plausíveis", que outros precisarão ser enfatizados e qual o momento certo de recuar. Assim como qualquer outro artista, o enganador se torna um especialista em representar e fingir comportamentos verdadeiros.

Na verdade, qualquer um que tenha estudado o que psicólogos, entrevistadores, médicos e autores de best-sellers consideram como "sinais do comportamento verdadeiro" ou os tenha praticado eficientemente é capaz de fabricar a verdade; isso é, de fato, bastante simples.

Como contornar esse tipo de comportamento? É simples: *pare de procurar por um comportamento verdadeiro.*

O que é comportamento verdadeiro? Existem basicamente quatro tipos:

- sinceridade;
- olho no olho;
- consistência verbal e não verbal;
- respostas diretas.

Sinceridade

Quando Bill Clinton mentiu em cadeia nacional sobre não ter dormido com a sua antiga estagiária Monica Lewinsky, todos nos Estados Unidos compraram sua história – ao menos por um tempo. Por quê? Por que Clintou aprendera a dominar a aparência de sinceridade.

Clinton era um mestre tão bem preparado que muitos de nós acreditamos nele o máximo que pudemos – até que as evidências se tornaram tão fortes que não havia mais nada a fazer, a não ser encarar que havíamos sido enganados.

Como Bill Clinton e tantos outros enganadores de "voz macia" nos mostram, a sinceridade é bastante simples de ser fingida, principalmente quando as pessoas de um modo geral estão buscando um comportamento verdadeiro, como nesse caso. A sinceridade, a verdadeira sinceridade, tem uma cadeia de sinônimos figurados, que inclui *genuinidade, honestidade, naturalidade, autenticidade* e *seriedade*.

Em outras palavras, quando alguém é sincero, age de maneira oposta àquela de um enganador. Infelizmente, a sinceridade é também uma das emoções humanas mais fáceis de serem fingidas por que é delineada por diversas expressões, atitudes ou posturas que os mentirosos colocarão em prática para obter um resultado pleno.

Muitas pessoas são facilmente enganadas por um sorriso, mas é preciso lembrar que existem na verdade dois tipos de sorriso: o sincero e o falso. Qual é a diferença? Um sorriso sincero ilumina os olhos, se arrasta pelo nariz, por sobre as bochechas até chegar à boca, fazendo surgir marcas de expressão. É um gesto automático, instantâneo e honesto.

Em contrapartida, sorrisos insinceros não abrangem os olhos. Eles se localizam na região do nariz. Homens mentirosos sorriem para evocar uma reação em você, do tipo: "Oh, ele está feliz, acho que estamos indo bem", ou "Oh, ele está sorrindo, acho que estou fazendo as coisas certas". Quanto mais à vontade você se sentir, mais buscará um comportamento verdadeiro e ignorará os sinais de aviso da enganação.

As emoções também podem ser sinceras ou insinceras. Por exemplo, se um homem perguntar como foi o seu dia e você disser que o seu gato morreu, o enganador experiente verá imediatamente uma oportunidade para parecer sincero e responderá de maneira automática com algo do tipo: "Oh, pobrezinha. Você tem certeza de que quer sair? Não prefere que a gente vá para sua casa onde poderá ficar em paz?"

Um homem sincero é capaz de dizer exatamente a mesma coisa, *mas* ele também iria um pouco mais fundo, compartilhando alguma história de sua infância, sobre um mascote que também tivesse morrido, perguntando sobre suas memórias favoritas do gato, oferecendo suas condolências e até sugerindo que a noite fosse abreviada em respeito aos sentimentos da parceira.

É muito complicado quando um homem finge sinceridade porque que ele geralmente é tão bom nisso, que você não consegue distinguir o depoimento real do falso. Um modo de explicar a diferença é dizer que a sinceridade tem uma continuidade. Uma pessoa sincera não irá somente fazer comentários retóricos sobre o seu gato morto, seu emprego perdido, sua briga com uma colega de quarto, ou qualquer outro problema que você esteja enfrentando; ela dará continuidade ao diálogo, escutará o que você tem a dizer e oferecerá palavras reconfortantes que visam mais do que apenas consolá-la naquele momento e seguir adiante.

Olho no olho *não* é o mesmo que um "concurso de encaração"

Um dos maiores sinais de sinceridade é **olhar nos olhos** da pessoa com quem estamos conversando. Contudo, o enganador frequentemente confunde o contato visual com um concurso para ver quem consegue encarar o outro por mais tempo. Hoje percebo claramente como é fácil resolver isso. Desde meus primeiros dias de treinamento na CIA, quando aprendi sobre contato visual formal, tornei-me simplesmente incapaz de manter uma conversação sem olhar nos olhos da outra pessoa. Simplesmente não quero que elas pensem que não estou sendo sincero quando falo com elas.

Afinal, olhar alguém nos olhos é a maneira mais fácil de transmitir sinceridade; os enganadores sabem disso. Estão cientes de que as mulheres apreciam contato visual e que buscam isso em seus relacionamentos, já que todos os livros de autoajuda que abordam esse tema dizem que elas devem procurar tal comportamento. Homens mentirosos sabem que, se de algum modo puderem fingir um contato visual, conseguirão facilmente convencer suas parceiras de que estão sendo honestos.

Manter o contato visual por tempo demais poderá, contudo, se tornar altamente desconfortável, como em uma espécie de concurso de encaração. A sinceridade, a conversação e a interação humanas devem ser e soar genuínas e naturais. Não são atitudes que possam ser forçadas, praticadas, ensaiadas ou cuidadosamente orquestradas.

Muitas pessoas interromperão o contato olho no olho de tempos em tempos – não para enganá-la, mas para agir de maneira natural. Talvez algo em seu entorno capture o seu olhar, ou o garçom tenha chegado com o pedido. É possível também que elas simplesmente o façam devido à sensação de que estavam encarando demais.

Já os enganadores não sabem quando quebrar o contato olho no olho de modo natural, visando apenas ao conforto pessoal; eles assumem que pelo fato de as pessoas buscarem tal contato como um sinal de sinceridade, devem fazê-lo praticamente o tempo todo – independentemente do quão desconfortável isso possa parecer a ambos.

Qual é o tempo apropriado para se manter um contato visual? Em geral, a regra-padrão para um olho no olho diz que devemos manter o contato por sete segundos, e então desviar o olhar por outros três segundos. Em outras palavras, o processo deve parecer confortável, natural e normal, e, principalmente, não causar qualquer sensação de desconforto.

Isso não significa que você precisará manter um cronômetro ou contar mentalmente "um segundo, dois segundos, três segundos", mas que aos poucos dominará este procedimento e terá um controle genuíno por esse tipo de contato.

Consistência verbal e não verbal

O terceiro tipo de comportamento verdadeiro é algo que denomino **consistência verbal** e **não verbal**. De outro modo, as palavras de uma pessoa deveriam combinar com o que o corpo está dizendo; essa deveria ser uma expressão verbal e física natural, ao invés de artificial.

Então, se um homem diz que ele está relaxado, quando na verdade parece fisicamente agitado, irritado e tenso, isso *não* demonstra uma *consistência* entre o verbal e o não verbal.

Em sua forma mais simples, a consistência verbal e não verbal ocorre quando a boca e o corpo falam a mesma língua, quando estão alinhados e não causam a você nenhuma dúvida óbvia ou aparente. Quando você diz não prá valer, balança a cabeça; quando você diz sim prá valer, acena. Pessoas mentirosas, contudo, dizem "não" e acenam com a cabeça. Por quê? Por que elas não querem dizer isso prá valer.

Se você diz para um homem, "Você vai a algum outro encontro às escuras esta semana?" e ele imediatamente diz "não" ao passo que sua cabeça ligeiramente acena positivamente, isso é uma inconsistência.

O comportamento verdadeiro precisa ser consistente entre as comunicações verbais e não verbais; ele parecerá sincero porque ambas se combinam. "Sim" é igual a um aceno, e "não" é igual a uma balançada de cabeça; e não um trabalho remendado, uma equação inconsistente.

Respostas diretas para perguntas diretas

Nada deveria fazer os alarmes tocarem em sua cabeça mais do que quando você faz uma pergunta simples e recebe uma resposta confusa, intrincada, CMI (com muita informação). Pessoas honestas reagem honestamente, com simplicidade.

Nos testes de polígrafo, nós passamos bastante tempo nos certificando de que todas as questões possam ser ordenadas de uma maneira em que as respostas sejam bastante diretas – sempre uma resposta sim ou não. A forma de garantir honestidade a uma resposta é começar com questões que vão direto ao ponto e requerem uma resposta simples.

Lembre-se, eu não estou querendo transformá-la em uma interrogadora de mão-cheia, e nós não precisamos tratar cada agradável noite como se fosse uma cena saída diretamente do seriado de televisão *Dragnet** ("Só os fatos, senhor").

Os homens têm personalidades diferentes e respondem diferentemente às questões que lhes são feitas. Alguns homens ficam nervosos e balbuciam respostas de 10 minutos para uma pergunta de 10 segundos; outros respondem à prestação porque ficam sem fôlego. Existem muitos motivos pelos quais um homem pode reclamar ou gaguejar com você nos primeiros minutos de um encontro às escuras ou de um primeiro encontro.

---

* *Série de TV norte-americana exibida durante a década de 1950 cujos personagens principais eram 2 policiais parceiros (detetive Friday e detetive Smith) que desvendam o mistério de uma série de assaltos em San Francisco. (N.E.)*

Entretanto, após vocês já terem passado alguns minutos juntos, a pressão deve diminuir, os drinques já devem ter chegado, os nervos já devem estar bem menos dissonantes e as coisas retornam ao seu normal. É quando a taxa de resposta de um homem deve ser igual à maneira com a qual respondem quando eles estão agindo naturalmente.

Então vocês se encontraram e estão se conhecendo – lembre-se de guardar as perguntas mais probatórias para mais tarde, pelo menos já tendo se passado 10 ou 15 minutos de encontro. Talvez isso não seja possível em uma festa frenética ou no caso de um *speed dating*, claro, mas até aí nenhum desses dois casos seria um cenário adequado para se conhecer alguém. Entretanto, quando você fizer uma simples pergunta, busque uma resposta simples. O que é uma resposta simples? Aquela que vai direto ao ponto, sincera, sem esforço ou rodeios.

Vamos dizer que você pergunte a um homem: "Você tem visto alguns filmes bons ultimamente?"

Agora, a maioria dos caras poderia ter uma luz e dizer algo assim: "Na verdade, eu não sei qual o tipo de filmes que você curte, mas *Avatar* é realmente bom. Eu o assistiria novamente com você, se estiver a fim".

Isso está longe de uma resposta "sim ou não", mas nós também estamos longe de uma sala de polígrafo. Essa resposta é simples ("*Avatar*"), direta ("é realmente bom"), sincera ("eu o assistiria novamente com você") e clara ("se estiver a fim").

Agora, faça a mesma pergunta a um homem mentiroso e a resposta poderia ser bastante diferente. "Não, todos os filmes são um lixo atualmente. Eu costumava assistir à muitos filmes com minha última namorada, e ainda que nós tenhamos terminado meses atrás, de tempos em tempos ela me telefona e me convida para ir ao cinema com ela. Como na semana passada, ela me ligou – do nada, quero dizer, ela nunca liga e a gente não se via há alguns dias – e me perguntou se eu queria assistir ao novo *Transformers*. Eu lhe disse que nós ainda estávamos rompidos e que sem chance de eu ir vê-la..."

Bem, você não precisa ser uma especialista em vigilância privada ou espionagem para checar o que está por trás *dessa* resposta. Quero dizer, esta não é uma resposta sobre filmes; é uma resposta sobre um antigo relacionamento que tudo sugere ainda ser corrente.

Na verdade, esse cara parece estar tremendamente na defensiva, enfatizando de várias formas e em vários momentos que ele não está vendo-a (ainda que ele diga que a tenha visto a alguns dias atrás), ela *nunca* liga (apesar de tê-lo acabado de fazer), e que *sem chance* de ele ir assistir a um filme com ela (ainda que soe como se ele o tivesse feito, por acidente).

Esses podem ser alguns exemplos demasiadamente óbvios, mas às vezes a vida pode ser tão óbvia quanto eles. Quando você para de buscar por um comportamento verdadeiro, o som da enganação pode ser bastante ensurdecedor.

De qualquer modo, eu não estou dizendo que qualquer um que dê respostas longas é necessariamente um enganador; algumas pessoas simplesmente adoram o som da própria voz ou na verdade têm, de fato, muito a dizer. Mas quando você faz uma pergunta direta ("Você tem assistido a alguns filmes bons ultimamente?"), fique na expectativa de uma resposta direta ("Com certeza, *Avatar* detona").

Não busque um comportamento verdadeiro: revisão

Então vamos revisar o que nós já cobrimos até aqui. Não enquadre o seu homem em uma moldura, porque tudo o que ele disser ou fizer será filtrado por essa moldura que você criou. Nós todos temos preconceitos que afetam a nossa habilidade de dar às pessoas uma chance justa na comunicação. Nós também tendemos a procurar por um comportamento verdadeiro, o que limita nossa habilidade em identificar a enganação. O principal motivo pelo qual não temos que buscar esse tipo de comportamento é porque ele pode ser fingido.

Para superar esses desafios, você precisa consistentemente usar a nossa frase favorita, que é: Caia na real (mais detalhes no próximo capítulo). Tendo isso claro e com uma abordagem renovada, você pode se comunicar com as pessoas e melhorar a sua habilidade em identificar o logro na maior parte do tempo.

Plano de ação para o Capítulo 3

Em uma folha de papel de seu diário, liste os quatro tipos de comportamento verdadeiro:

- sinceridade;
- olhar no olho;
- consistência verbal e não verbal;
- respostas diretas.

Mantenha a lista à mão – em sua escrivaninha, na porta de sua geladeira, ao lado da cama, em seu banheiro. À medida que for revisando nossas conversações diariamente, mantenha um diagrama constante próximo a cada um dos tipos. Por exemplo, se você for genuinamente contemplada com três comportamentos sinceros naquele dia, escreva um "3" próximo ao nº 1: Sinceridade. Se você experimentar um profundo e genuíno contato visual olho no olho duas vezes naquele dia, escreva "2" próximo ao nº 2: Olhar no olho. E assim por diante.

Esse exercício irá ajudá-la a confiar em sua intuição. É importante perceber que a verdade aparece com muito mais frequência do que a mentira. Entretanto, nós não estamos aqui para procurar ativamente pelo comportamento verdadeiro, então naturalmente há um segundo componente para este exercício. Agora, próximo ao número que você escreveu para cada tipo de comportamento verdadeiro, escreva um sinal de menos (-). Próximo a isso, escreva o número de vezes em que você sentiu que alguém foi insincero com você naquele dia.

Então, por exemplo, se o cara ordinário do setor de vendas criou caso por causa do seu "novo uniforme", mesmo quando você sabe que é algo que ele já viu seis vezes e que ele estava claramente sendo insincero, escreva um "-1" próximo ao nº 1: Sinceridade.

Ou se alguém foi bastante intenso em seu olho no olho e a situação ficou constrangedora, coloque isso próximo ao sinal de menos; faça o mesmo com os números 3 e 4 também. Então, à direita de cada tipo de comportamento verdadeiro, você deve ter uma equação: "3 – 1 = 2" ou "4 – 3 = 1", e assim por diante.

Ao completar este exercício diariamente, você começará a entender melhor a relação de verdadeiro *versus* não verdadeiro, sincero *versus* insincero etc. Isso irá lhe dar um suporte para que prossiga com seus estudos de detetive de relacionamentos!

Bônus grátis: *Vá até o endereço www.editoragente.com.br/seraqueelemente.pdf e faça o download de um diário digital que inclui as ações tomadas neste capítulo.*

Bônus especial: *Vá ao endereço <www.facelessliar.com> e pegue a sua amostra grátis do novo livro de Dan Crum,* The faceless liar: is he lying to you on the phone, e-mail, text, or chat?

1 2 3 **4** 5 6 7 8 9 10

Caia na real - seja honesta consigo mesma

Quando as pessoas aprendem por meio do meu background na CIA, elas com frequência se perguntam como eu conseguia deixar o serviço para trás ao final de cada dia. Elas imediatamente assumem que, apenas por ter sido treinado, trabalhado e ter tido ampla experiência com a Agência de Inteligência Central, eu ficava constantemente por aí interrogando todo mundo que conhecia, fosse de forma consciente ou inconsciente, profissional ou pessoal.

Admito que a transição entre o trabalho, durante o qual submetia futuros oficiais da CIA ao teste do polígrafo e, digamos, sair para jantar com minha mulher, almoçar com um bom amigo ou jogar golfe com colegas, não era fácil.

Quando nós finalmente entendemos a capacidade humana para a enganação, torna-se fácil enxergá-la em todos os lugares, mesmo nas inofensivas "mentiras brancas" e "omissões" que amigos próximos e familiares nos contam diariamente. Em outras ocasiões, nós vamos para a direção oposta e damos a algumas pessoas um "passe" para a enganação em razão da forma como elas se parecem, como se relacionam conosco, o tempo que as conhecemos, ou por causa do seu histórico.

Fazemos isso inconscientemente, rotulando grupos inteiros de pessoas com base em um preconceito em particular; eventualmente, deixamos que tal preconceito (sobre o qual vamos falar logo mais) determine não somente como nos sentimos em relação a determinada pessoa, mas também como interpretamos o que ela diz e faz.

Agora que sabemos *porque* os homens mentem, é hora de começarmos a detectar a mentira, de forma que finalmente estejamos aptos a fazer alguma coisa em relação a ela. Este capítulo fornece uma das ferramentas mais úteis que você precisa para reconhecer a enganação – e, o melhor de tudo, você já tem os dois pré-requisitos necessários para colocar essa ferramenta para funcionar: seus olhos e ouvidos.

Mas lembre-se, o objetivo deste livro não é torná-la paranoica em relação a pessoas mentindo para você todo o tempo, ou então criar uma profunda falta de confiança nos homens. Há diversos caras legais lá fora que não querem machucá-la, jamais pensariam em enganá-la e, na verdade, estão ansiosos para criar uma vida romântica rica e recompensadora com você.

O truque consiste em saber quando você deve ficar alerta e buscar a enganação, e quando deve relaxar e se deixar levar pelo momento. Este capítulo lhe dá uma ferramenta para ajudá-la a "zerar" seu subconsciente profundamente impregnado pelas noções preconcebidas que você tem das pessoas, de modo que possa enxergá-las sem sua viseira para cavalos.

* *Conteúdo do site em inglês. (N.E.)*

Trabalhe sobre o foco do seu preconceito e remova sua venda para relacionamentos

Antes de irmos ao que interessa, gostaria de falar um pouco sobre por que é tão importante zerar a nossa mente e abordar cada interação sem as nossas viseiras de relacionamentos. O que são essas viseiras? Elas são noções preconcebidas, os maiores e menores preconceitos que temos em relação às pessoas antes mesmo de elas terem aberto a boca.

Veja, nossa mente é pré-programada para fazer suposições sobre as pessoas baseada em uma variedade de fatores: sexo, altura, peso, raça, salário, cor dos olhos, cor dos cabelos – rotula-se tudo. Desenvolvemos uma noção preconcebida de uma pessoa em poucos segundos após o encontro.

Esse é um péssimo hábito, mas que todos nós partilhamos. Em verdade, é um hábito tão ruim que até tem um nome para si: **preconceito focal**. Algumas pessoas chamam a isso de discriminação, mas vamos nos ater ao nome técnico. Nosso preconceito trata do fato de generalizarmos grupos de pessoas sendo ou agindo de determinada maneira.

Deixe-me dar um exemplo. Complete esta sentença: "Todos os homens são ________________!"

Eu suponho que a maior parte de vocês deu a mesma resposta, mas não importaria de fato qual foi; só o que importa é que a resposta veio à sua mente automaticamente. Essa automação de pensamento, essas reações imediatas e instantâneas são somente um sintoma de nosso preconceito; nós nem ao menos precisamos mais pensar sobre os homens para categorizá-los imediatamente, rotulá-los e discriminar esse grupo específico (notem que alguns de nós não merecem isso!).

As mulheres nem sempre entendem tal afirmação como fato, mas ela está tão profunda e habitualmente engendrada em sua mente que esse preconceito afeta a forma como elas se comunicam com os homens.

Vejamos bem, quando temos um preconceito, nós alteramos nossa percepção de uma situação e tendemos a estruturá-la para que ela se encaixe com aquilo que sentimos, independentemente do que o indivíduo esteja dizendo e do que ele esteja fazendo.

Por exemplo, se você respondeu "Todos os homens são porcos", isso definitivamente irá colorir a sua percepção de cada homem que encontrar, o que independerá de toda e qualquer evidência que dite o contrário. Se você sente que todos os homens são porcos, então quando entra no escritório de um homem e vê papéis espalhados por toda a mesa, imediatamente você estrutura essa cena e a coloca em uma moldura: "este cara é bagunceiro e desorganizado". Em resumo, trata-se de apenas mais uma evidência de que sim, de fato, todos os homens *são* porcos.

Se você perguntar o que ele está fazendo e ele lhe disser que está trabalhando em um projeto muito importante, com um deadline apertado e que sua mesa normalmente não fica daquela maneira, não importa o quão lógica a resposta possa ser – você ainda *irá* tender a julgar a sua resposta tomando como base o seu preconceito inicial.

Resumindo, você tenderá a *não* acreditar nele ao invés de combater o seu preconceito e dar-lhe o benefício da dúvida. Como o seu preconceito a programou para pensar que todos os homens são porcos e esse homem em particular definitivamente se enquadra no padrão, o que ele está dizendo torna-se menos importante do que a noção predeterminada que você formou dele antes mesmo de tê-lo encontrado.

Agora complete *esta* sentença: "Todas as mulheres são ________________!" (Hmm, não é tão fácil desta vez, certo?). Vamos dizer que você tenha respondido: "Todas as mulheres são multiutilitárias". Mas ao entrar no escritório de uma mulher com papéis espalhados por toda a mesa, você imediatamente estrutura em sua mente preconceituosa o seguinte: "Bem, obviamente essa mulher é muito ocupada, ou talvez ela esteja organizando a sua papelada".

Simplesmente, graças ao nosso preconceito, não existe mais nenhuma outra explicação. Contudo, quando você perguntar o que ela está fazendo e ela disser que está trabalhando em um importante projeto, novamente você julgará sua resposta tomando seu preconceito como referência. Claramente, essa mulher cansada tem trabalhado em demasia por causa de um deadline apertado.

Em ambas as situações, seu preconceito teve um efeito direto na sua habilidade de julgar com justiça, quer você acreditasse na resposta ou não. Para ser excepcional na arte de identificar a enganação na maior parte do tempo e confiar que sua percepção esteja precisa, você precisa aprender a combater seus preconceitos; precisa dar uma chance justa para todos, não importando o que determinado indivíduo tenha feito no passado.

"Caia na real"

Alguma vez você já enfrentou uma situação na qual, ao dizer alguma coisa extremamente idiota a um amigo, parceiro ou colega – algo que até você mesmo sabe que não é verdade – a pessoa parou, olhou nos seus olhos e disse: "Cai na real" (*sic*)?

Talvez você estivesse tentando explicar que o motivo pelo qual seu novo namorado não está empregado e precisa pedir dinheiro emprestado é ele ser superqualificado para todas as funções que lhe oferecem. Talvez você estivesse partilhando com uma amiga que a razão pela qual seu namorado continua a se afastar para atender ao celular é ele ser um negociante internacional de arte e simplesmente não querer que nenhum de seus clientes ricos e famosos escutem-na rindo. Qualquer que seja a razão, quando alguém lhe diz "Cai na real" (*sic*), geralmente é porque está escutando a verdade por trás de suas afirmações – mesmo quando você mesmo não consegue fazê-lo.

"Caia na real!" é um daqueles ditados que servem como "autorrecuperação" e instantaneamente nos fazem perceber que aquilo que estamos dizendo – ou, em muitos casos, escutando – é pura tolice, 100% "pensamento desejoso".*

"Caia na real!" é o que você diria, por exemplo, a um vendedor de carros usados que tentasse lhe empurrar um ferro-velho caindo aos pedaços, dizendo que o veículo só foi dirigido por uma velhinha.

"Caia na real!" é o que você diria a um namorado traidor que entra pela janela do seu quarto com manchas de batom na camisa e papeizinhos com números de telefone desconhecidos pulando para fora do bolso, quando ele lhe disser que ficou até tarde trabalhando como voluntário em um abrigo local.

Mas o que você diz para si mesma quando suspeita que um homem a esteja traindo? O que diz quando quer realmente acreditar nele, mas sabe que não deveria? O que você diz quando o seu "medidor de mentiras" extrapola todos os gráficos, mas seu primeiro instinto é apenas ignorá-lo?

É simples. Diga apenas: "Caia na real!"

Caia na real!

"Cair na real" é mais do que um acrônimo inteligente ou uma boa maneira de lembrá-la de realinhar o seu "preconceito focal" ao encontrar alguém diferente. Trata-se na verdade de uma mentalidade; um tipo de botão que reinicializa tudo, e que pode ser pressionado

---

* *Refere-se à expressão "Água de Jamaica", cunhada pelo psiquiatra Oscar Monchito. Significa considerar desejos como realidades e tomar decisões, ou seguir raciocínios, baseados nesses desejos – ao invés de considerar os fatos. (N.E.)*

todas as vezes em que deparar com uma situação na qual tenha uma noção preconcebida de alguém: em uma entrevista de emprego durante um encontro às escuras; na compra de um carro usado; e até mesmo quando seu irmão mais novo liga e tenta convencê-la a emprestar-lhe dinheiro.

Quando você "cai na real", deixa de agir como uma juíza e assume uma posição de observadora; chamamos a isso "mentalidade" porque, por meio dela, tentamos trabalhar ativamente no sentido de abandonar o "preconceito focal" e compreender o que está por trás das noções preconcebidas que se tem de outra pessoa, sejam elas quais forem.

Por exemplo, se você já tem um preconceito contra vendedores de carros usados, não acreditará em absolutamente *nada* que qualquer vendedor lhe diga. Ainda que ele esteja sendo honesto e tente lhe oferecer um bom negócio na compra de um carro com boa milhagem e novo sistema de ar-condicionado, você desconfiará dele, independentemente de suas palavras ou ações. Em resumo, você desliga os seus olhos e ouvidos e se torna uma escrava do "preconceito focal". Este é um caso no qual o preconceito faz com que você desconfie de alguém que, na verdade, estava apenas tentando ganhar a sua confiança e sendo totalmente honesto.

Preconceitos também funcionam na direção inversa. Quem sabe você confie demais em sujeitos que a fazem lembrar de outros homens. Digamos que você sempre teve uma queda especial por tipos altos, magros, de cabelos enrolados e de bom humor – estilo "mauricinho". Este é o tipo de relacionamento pessoal que podemos denominar "kriptonítico",* em que você se torna quase impotente perante os encantos de tal tipo de homem.

* *O autor brinca utilizando-se do termo* "Kryptonita", *um elemento químico fictício da série de histórias em quadrinhos* Superman. *O elemento, teoricamente formado pelos restos do planeta natal do Superman, Krypton, geralmente tem efeitos nocivos ao herói. (N.E.)*

Então, quando encontra um cara com tais características, sente-se naturalmente predisposta a confiar nele. Não importa que ele seja o maior vigarista, manipulador, enganador e cretino da cidade, pois seu preconceito é tão forte que será preciso que o apanhe fazendo ou dizendo algo extremamente inaceitável para que *não* confie mais nele. Veja a seguir um caso que demonstra como o preconceito atua inconscientemente no sentido de permitir que confiemos em um enganador incorrigível.

Quando "caímos na real", não percebemos automaticamente as mentiras nem confiamos ou desconfiamos de alguém de imediato. Apenas nos colocamos instantaneamente em uma posição melhor para rastrear uma tentativa de logro, pois abrimos nossa mente tanto para a honestidade como para a enganação, e de maneira igual.

Em outras palavras, "cair na real" é como visitar um lugar especial antes de um encontro às escuras, de uma entrevista de emprego, de comprar um carro usado ou de falar com aquele seu irmão mais novo. Um local onde possa ser você mesmo, uma pessoa cheia de vida, mais consciente, mais sintonizada e mais preparada para detectar a enganação quando (e se) topar com ela. Um lugar onde seja possível ignorar o "preconceito focal" e, ao mesmo tempo, prestar atenção ao que seus olhos e ouvidos estão apresentando.

Quando nos predispomos a confiar ou desconfiar de alguém, deixamos que nossa bagagem emocional e nossa teimosia decidam se alguém merece a nossa confiança ou não. Em contrapartida, quando "caímos na real", confiamos não apenas em nossas emoções ou em experiências do passado, mas em evidências factuais oriundas de nossos sentidos.

A palavra REAL, nessa expressão, pode ainda significar:

- reinicializar;
- enxergar – olhos;
- atentar – ouvidos;
- ler nas entrelinhas.

Deixe sua bagagem emocional em casa e trate cada novo encontro como uma tela em branco

Você já ouviu falar do processo mental segundo o qual resultados diferentes não são obtidos, a não ser que se tomem ações diversas? Isso significa que se continuarmos agindo sempre do mesmo modo, obteremos sempre os mesmos resultados.

Se, no entanto, continuar sendo enganada, não é pelo fato de ser uma pessoa má ou idiota, ou porque mereça ser enganada; é simplesmente por continuar fazendo as coisas do mesmo modo, sem jamais mudar seus métodos – ou seja, continuar desconfiando daquele vendedor de carros usados, mesmo quando ele diz a verdade, e confiando cegamente no rapaz alto e charmoso, mesmo quando ele dá provas de que não é honesto.

Você não pode simplesmente continuar escutando as mesmas calúnias, meias-verdades, enganações e mentiras descaradas e achar que um dia deixarão de enganá-la. É preciso que você própria exija isso em primeiro lugar.

Portanto, mude o seu "preconceito focal", reinicialize suas noções preconcebidas, de modo a encarar cada encontro como se fosse uma tela em branco, e use os seus olhos e ouvidos para ver e escutar, para que tenha condições de decidir por si mesma, baseada em evidências, se um homem está tentando ou não enganá-la.

O que você precisa é de uma escolha; necessita de algo para ajudá-la a detectar a mentira de modo que possa tirar o poder das mãos do enganador. Você não precisa ter de escolher entre sair para um encontro e ser enganada ou deixar de se arriscar; você pode fazer escolhas mais sábias e recompensadoras no instante em que tiver mais informações em mãos.

Ao conhecer o sistema "Cair na real", você passa imediatamente a ter uma escolha. Contudo, poderá optar por *não* utilizá-lo e continuar sendo enganada, ou poderá abrir os olhos e perceber quando está sendo factualmente enganada – e, então, *fazer algo a respeito*.

Em outras palavras, você pode escolher quando quer se utilizar desses princípios e continuar tentando a mesma abordagem, ou seja, olhar e escutar a tudo da mesma maneira, ou optar por "cair na real", reinicializar seus sentidos e passar a ver e a atentar para tudo ao seu redor com uma percepção renovada para, finalmente, obter resultados.

"Cair"

Antes de irmos adiante com o "real", gostaria de lembrá-la de que estamos falando de uma mentalidade que precisa ser "adotada". Até que você a pratique com frequência, ela não se torna automática. Você precisa trabalhá-la, assim como tudo o mais em sua vida que valha a pena, para que finalmente aprenda a "cair na real" quando, onde e com quem quiser.

Nesse sentido, a porção "cair" desta pequena e útil expressão nos remete ao tipo de obstáculo que serve para lembrá-la de reduzir a velocidade, pisar no freio, abrir seus olhos e seus ouvidos, e se concentrar no que as pessoas estão realmente lhe dizendo, e não no que você pensa a respeito delas – inconscientemente e, provavelmente, sem motivo – apenas por serem carecas, cabeludas, pobres, ricas, dirigirem uma Ferrari ou usarem uma bicicleta..

O obstáculo "caia" a faz lembrar de que realmente você tem preconceitos contra os homens e que nem sempre eles se aplicam a todos os representantes do sexo masculino, nem em todas as ocasiões.

"Cair" é, portanto, o que todos devemos fazer antes de reinicializar nossos processos mentais, de abrir nossos olhos e ouvidos, de enxergar e escutar. Na vida existem pequenos gatilhos que precisamos compreender de modo a evitar que sejamos destruídos. Às vezes esse gatilho surge na forma de álcool, de cigarros ou de comida. Tomemos este último item como exemplo.

Se a comida – doces, fritas, sorvete ou bolo – for o nosso gatilho, não podemos trilhar o caminho da tentação e esperar que sempre consigamos escapar ilesos. Quanto mais nos expomos aos gatilhos, mais a nossa dieta irá por água abaixo. Então nos pesamos, calculamos o número de calorias ingeridas e cuidadosamente evitamos situações em que nos sintamos tentados. Se você sabe que bufês chineses são como kriptonita para a sua dieta, antes de ir a um deles, raciocine, estabeleça um plano de ação e se atenha a ele.

Não somos obrigados a encher o prato com todo tipo de comida; pelo contrário, tomamos o cuidado de escolher vegetais, cereais etc. antes mesmo de adicionar alguma proteína na forma de carne ou frango, cozidos no vapor, é claro. Ou seja, não negamos a nós mesmos o prazer de comer nem tratamos a questão como se fosse uma sentença de morte; apenas nos preparamos de modo a não arruinar todo o sacrifício colocado em prática em nossa dieta durante toda a semana.

Bem, quando você "cai na real", também se prepara para evitar as mais variadas tentações – de ceder ao seu "preconceito focal", de julgar sem motivo, de acreditar em tudo o que lhe dizem, de se deixar enganar ou de confiar cegamente em alguém quando não existe motivo para isso.

Reinicializar

Se "cair" é como um obstáculo que indica que devemos diminuir o ritmo e nos desprendermos do "preconceito focal", então "reinicializar" é o sinal de "pare" que nos alerta para que nos livremos dos preconceitos e preparemos uma tela em branco para o próximo encontro, entrevista ou reunião de negócios. Por que nós precisamos reinicializar nossa mente antes de um encontro às escuras, de uma entrevista de emprego, de uma grande negociação, da compra de um carro usado ou em qualquer outro cenário no qual poderemos ser enganados?

Precisamos zerar o nosso modo de pensar porque a nossa mentalidade diária está conectada de uma maneira tal que permitimos que o preconceito governe a nossa racionalidade – e tudo aquilo que enevoe o nosso julgamento ou nos faça assumir que alguém nos está enganando ou sendo infiel, tomando como base o que pensamos *versus* a evidência que nos está sendo dada, eventualmente nos torna suscetíveis à enganação.

Digamos que o nosso "preconceito focal" nos determine que todos os homens carecas, de óculos e com cara de bonzinho são inofensivos. Você não repete esse mantra conscientemente todas as manhãs, mas, apesar disso, ele está lá, dentro de sua cabeça. Então, se um sujeito usando jeans imundos e desbotados, além de uma jaqueta velha de couro, senta ao nosso lado, imediatamente entramos em alerta máximo. Contudo, sentimo-nos perfeitamente tranquilos quando o "senhor carequinha" aparece.

Confiar ou desconfiar de um homem tomando como base sua aparência é um sinal claro de preconceito e poderá causar problemas sérios, principalmente se começarmos a acreditar em tudo que o "senhor carequinha" nos disser e a desconfiar de tudo o que o "senhor jeans desbotado" nos falar.

Quando reinicializamos nosso processo mental, não passamos automaticamente a desconfiar de todos que encontramos pela frente, nem a confiar indistintamente e sem critério. O que fazemos é reprogramar nosso sistema de detecção de mentiras para que ele retarde o julgamento até que todas as evidências tenham sido coletadas.

Se você já assistiu a alguma película baseada nos livros de Tom Clancy,* a um dos filmes do James Bond ou da trilogia *Bourne*,** é mais ou menos parecido com o momento em que o superespião coloca os seus óculos de visão noturna – nada nele muda, e nada que o espião esteja vendo muda; somente o que muda é o *modo como* o espião enxerga o vilão. Tudo aquilo que parecia invisível antes do equipamento torna-se repentinamente claro.

Reinicializar é como colocar os seus "óculos especiais para enxergar mentiras". Isso não necessariamente mudará quem você é; e certamente não mudará a pessoa com quem estiver falando, sua preferência em termos de bebida, o que ela veste para o encontro nem mesmo o que ela diz.

Esse processo fará apenas com que você *mude sua visão* em relação ao que ele diz, porque a ajudará a abandonar o seu "preconceito focal" em prol de um sistema composto de quatro partes – olhos e ouvidos, para respectivamente enxergar e escutar.

Olhos

Frequentemente, quando procuramos por sinais de enganação, ignoramos aquilo que vemos diante de nossos olhos. Imaginamos que, quando alguém está mentindo, é possível perceber sinais óbvios, como: suor na testa, olhos esquivos, mãos trêmulas ou pés inquietos. Mas, como já vimos, algumas pessoas conseguem olhar nos seus olhos profundamente e ainda assim mentir de maneira deslavada e com um belo sorriso no rosto, enquanto outras podem preferir evitar o contato visual, mesmo quando dizem a verdade.

* *Thomas Leo Clancy Jr, escritor norte-americano conhecido no Brasil por seus livros de espionagem. Entre os mais famosos, estão:* Caçada ao outubro vermelho, Jogos patrióticos e Perigo real e imediato. *(N.E.)*

** *No Brasil, a trilogia foi lançada com os seguintes títulos:* Identidade Bourne, Supremacia Bourne e Ultimato Bourne, *todos do diretor Paul Greengrass. (N.E.)*

Nos próximos capítulos, você descobrirá exatamente o que deve procurar para identificar a enganação. Contudo, para "cair na real" você só precisa saber o quanto é importante procurar, ao invés de saber o que especificamente deve ser *procurado*.

Os olhos são como um portal para os seus sentidos; eles são o batalhão de frente que um enganador precisa derrotar antes mesmo que possa começar a mentir. Se ele consegue ultrapassar essa primeira linha de defesa, se é capaz de passar pela revista, então metade da batalha já estará ganha. Quando se trata de detectar a mentira, tudo começa pelos olhos. Por isso, a primeira coisa que se deve fazer após reinicializar os sentidos é atentar para o que está ao seu redor e usar seus olhos para avaliar a situação.

O que ele está usando? Que tipo de carro dirige? Quem chegou lá primeiro? Como ele trata o anfitrião? E os empregados? Como ele está agindo? Está nervoso, confiante, amedrontado, seguro de si? Onde suas mãos estão posicionadas? E os pés? Ele ostenta algum tique emocional enquanto fala com você? Ele está olhando nos seus olhos ou tenta evitá-los? Ele é muito intenso? Muito descontraído?

Por hora, é mais importante buscar informações do que tentar interpretá-las. Imediatamente após a reinicialização, você deve processar todos os momentos de contato visual. Talvez pareça óbvio demais dizer isso, mas você precisa conscientemente abrir seus olhos para a mentira, se quiser enxergá-la.

Ouvidos

Se os olhos são o portal para os seus sentidos, então os ouvidos são a grade de proteção. Os ouvidos nos ajudam a sustentar aquilo que vemos, e nos mantêm nos trilhos enquanto continuamos avaliando a situação em busca de evidências de enganação. Na CIA tínhamos um ditado: "Não acredite naquilo que vê até que seus ouvidos concordem".

Em outras palavras, um sujeito pode parecer uma completa e absoluta aberração e, ainda assim, dizer sempre a verdade. Em contrapartida, um sujeito deslumbrante pode aparecer em todas as capas de revista e ser completamente desonesto no que diz.

Mas os ouvidos são mais do que um sistema de apoio; eles atuam como membros de uma equipe, trabalhando em conjunto com os olhos. É por isso que dizemos que o sistema é composto de quatro partes. Referimo-nos aos "Olhos **e** Ouvidos", para respectivamente "Enxergar **e** Escutar", e não apenas a um ou outro. Você realmente precisa utilizar ***ambos*** os sentidos para detectar a enganação; um deles sozinho não será suficiente.

Digamos que você esteja em uma entrevista de emprego e, antes mesmo de se sentar, o responsável pelo Departamento de Recursos Humanos decida levá-la para conhecer o local onde supostamente trabalhará. A despeito do sorriso no rosto do representante do RH, do seu comportamento educado e daquilo que ele está lhe dizendo, você percebe que o que está vendo lhe transmite uma mensagem completamente diferente.

As pessoas parecem pouco amigáveis e bastante estressadas, além de estarem exaustas. Seus olhos parecem lhe dizer que aquilo que você está escutando sobre "espírito de equipe" e "harmonia no departamento" simplesmente não procede. Pode ser que o que ele esteja lhe dizendo sobre o fato de o trabalho naquele departamento ser um verdadeiro esforço conjunto não seja uma completa mentira, mas certamente não está de acordo com o que está presenciando.

Do mesmo modo, digamos que você esteja prestes a se encontrar com um homem que ainda não conhece, e, já que está pronta para "cair na real", chega mais cedo, escolhe uma mesa próxima da janela e começa o processo de reinicialização mental. Enquanto espera, você percebe que o seu encontro acaba de chegar em um belíssimo carro esportivo, daqueles extremamente velozes. Depois de alguns instantes, já à mesa, você pergunta que carro ele dirige, e ele responde: "Coisas materiais não importam para mim, o que importa é poder ir de um lugar a outro". Ele completa, dizendo: "Dirijo um carro velho apenas para me locomover".

Talvez ele queira impressioná-la mostrando-se um defensor da natureza e diga que dirige um híbrido, quando você já sabe que o automóvel em questão é um esportivo de alto consumo de combustível. É possível ainda que ele simplesmente diga que veio de táxi.

O motivo pelo qual ele o faz não importa neste momento; ele está mentindo. O que é fundamental é o fato de você ter "caído na real". Você não se limitou a ouvir o que ele estava dizendo, mas olhou e escutou; você também não acreditou apenas naquilo que viu, mas esperou para escutar o que ele iria dizer antes de fazer uma avaliação final.

Enxergar - olhos

Infelizmente, ver e ouvir ainda não são suficientes para que se "caia na real". Podemos, afinal, ver algo e simplesmente não acreditar, não interpretar, não registrar ou não absorver; e, lembre-se, o mesmo vale para os seus ouvidos. Assim como o fizemos com os componentes anteriores, primeiro você reinicializa sua mente para preparar o uso de seus olhos e ouvidos da maneira mais eficiente. Esse é um ótimo ponto de partida. Agora vejamos os dois próximos conceitos para que esteja definitivamente pronta para "Enxergar" e "Escutar". Em breve estará entrando em um terreno totalmente novo.

Quando você vê alguma coisa, ela não tem valor a não ser que você a interprete com experiência, conhecimento e precaução. Um quadro aparentemente cheio de respingos de tinta pode parecer totalmente sem valor, até que alguém o pendure na parede de um museu e você descobre que aquela é na verdade uma obra de

Jackson Pollock;* então tudo muda. Uma criança brincando em um parquinho em meio a outras tantas não chama sua atenção até que você a identifique como seu irmão menor; tudo muda.

Pistas para se chegar a uma mentira funcionam exatamente assim: elas têm pouco significado se forem apenas observadas sem a devida compreensão. É preciso saber interpretá-las. Portanto, o ver e o ouvir não representam praticamente nada, a menos que sejamos capazes de interpretar o que vemos e ouvimos. Por exemplo, digamos que, no decorrer de um encontro às escuras, o cavalheiro fica silencioso quando questionado sobre hábitos pessoais. Em outras palavras, ele não menciona o fato de que bebe e fuma demais; contudo, todas as evidências estarão lá, bastando que procuremos por elas. Vejamos o que acontece durante o encontro:

São 18h e tudo começou bem. Você pede uma taça de vinho branco e ele pede uma vodka com tônica. Até aí tudo bem, pois isso é perfeitamente normal. Você beberica o seu vinho branco enquanto ele rapidamente toma a vodka e pede outra. Quando você termina o seu primeiro drinque, percebe que ele já tomou três, mas pensa: "Talvez ele esteja nervoso". Daí você começa a perceber que, mesmo após dois outros drinques fortes, ele nem parece ter sentido os efeitos. Cinco drinques depois e ele não dá nem sinal de estar bêbado. Se você estiver realmente prestando atenção – vendo e enxergando, testemunhando e interpretando –, isso pode significar que está lidando com um bebedor da pesada.

Mas isso não é tudo. Talvez enquanto toma todos aqueles drinques ele peça licença algumas vezes para ir ao banheiro e retorne com cheiro de fumaça. De fato, você já havia reparado na saliência no bolso de sua jaqueta que lembrava um maço de cigarros. Então, mesmo sem ter feito uma única pergunta, pode dizer que esse cara é do tipo que bebe e fuma.

Isso é mentira? Não necessariamente; não até que ele fale a verdade – aí você precisa **escutá-lo** e decidir por si própria.

* *Pintor norte-americano do século XX, pioneiro no expressionismo abstrato. (N.E.)*

Atentar – ouvidos

A audição funciona como um aparelho detector de mentiras. Basta que escutemos o que alguém está dizendo e interpretemos, de um modo bastante similar ao que fazemos quando inferimos sentido naquilo que vemos. Se um cara nos diz que não bebe, apenas preste atenção no que escuta e observa. Se um cara diz que não fuma, atente para suas atitudes e pergunte a si mesma:

- O que ele está dizendo de verdade?
- O que está realmente fazendo?
- Suas palavras combinam com suas ações?
- Suas ações combinam com suas palavras?

Nos próximos capítulos, aprenderemos o que os homens estão realmente dizendo quando movem os seus lábios. Acredite, essas informações lhe parecerão fascinantes, reveladoras e, acima de tudo, úteis.

A questão é: aquilo que não usamos não pode nos ajudar. Em primeiro lugar, é preciso que estejamos preparados para perceber o que de fato os homens estão dizendo e, então, sermos rígidos na interpretação da mensagem.

Retornando ao exemplo anterior, digamos que você claramente deparou com alguém que gosta de beber e fumar. Isso significa olhar, enxergar e atentar para o que está à sua frente, ou seja, isso é observar – o que é absolutamente vital na detecção da mentira.

Contudo, sua análise não estará completa até que ele de fato a engane verbalmente, se e quando você lhe perguntar alguma coisa. Por exemplo, digamos que após cinco vodkas, em um período inferior a duas horas, você não consiga evitar e diga algo, como: "Dia difícil?"

Quem sabe? Talvez *tenha* sido realmente um dia difícil e ele precise relaxar um pouco. Talvez ele tenha perdido o emprego e queira realmente se abrir e falar sobre o assunto. Esse pode ser um momento decisivo, uma chance não apenas para que ele se abra, mas para que você possa realmente conhecê-lo. Afinal, é possível que ele simplesmente tenha um problema com bebida. Seja como for, pode ser uma oportunidade de ouro, mas logo se transformará em uma oportunidade perdida se você resolver simplesmente deixar para lá.

Vejamos o que ele responde: "Não, na verdade não. Por que pergunta?" Perceba que ele se colocou na defensiva.

Sendo uma boa detetive de relacionamentos, você menciona os cinco drinques que ele já tomou, aponta para o uísque com soda que o garçom acabou de servir e diz: "Bem, é que você parece estar bebendo esses drinques como se fossem água. Eu só assumi que havia enfrentado um dia difícil".

"Oh, isso?" ele diz, afastando os outros drinques, enquanto segura firme o que tem em mãos. "Não se preocupe. Você falou exatamente como a minha mãe."

Você demonstra preocupação e diz: "Bem, é que parece muito para uma única pessoa beber sozinha em menos de duas horas. Eu só achei que você estivesse aborrecido com algo e talvez quisesse falar a respeito".

Nesse momento, você está lhe oferecendo não apenas o benefício da dúvida, mas também a oportunidade para (a) confiar em você e (b) responder com sinceridade. Ao invés disso, porém, ele dá de ombros ou coloca-se novamente na defensiva, dizendo: "Nada disso, eu sei como lidar com a bebida". (Como se você não soubesse.)

Ou então, talvez após ter percebido o maço de cigarros no bolso de sua jaqueta, testemunhado pelo menos quatro de suas visitas ao banheiro em uma hora e sentido o cheiro de fumaça depois que ele retornou à mesa, você finalmente diga: "Desculpe se isso soa demasiadamente pessoal, mas você fuma?"

Digamos que ele rapidamente responda: "Não, por que pergunta?"

Então você aponta para a evidência no bolso da jaqueta e comenta que ele já foi várias vezes ao banheiro e retornou com cheiro de fumaça. É claro que uma pessoa honesta não teria dado uma resposta negativa, mas considerando se tratar de um encontro às escuras e o fato de ele não conhecê-la muito bem, talvez tenha decidido simplesmente omitir o fato – e, então, mentido para encobri-lo.

Pega em flagrante, uma pessoa comum ficaria embaraçada, apanharia o maço de cigarros e *admitiria* a mentira. Sim, ele definitivamente foi mentiroso, mas lembre-se do que eu disse em um capítulo anterior sobre assuntos privados ou da possibilidade de ele querer apenas protegê-la.

Talvez ele seja apenas bastante inseguro sobre o seu hábito e já tenha tentado parar um milhão de vezes. Talvez ele *realmente* goste de você e não queira desapontá-la ou dar-lhe a chance de censurá-lo apenas porque ele fuma. Se for esse o caso, a mentira inofensiva é facilmente desculpável (lembre-se de que estamos tentando apenas detectar a mentira e usar os resultados para que possamos tomar decisões melhores).

Contudo, uma pessoa mentirosa geralmente costuma piorar a situação ao reagir de modo exagerado, voltando-se contra você e fazendo com que se sinta culpada até mesmo por tê-la questionado – situação já enfrentada pela pobre Ashley durante os encontros mencionados no capítulo de abertura. O poder do "cair na real" está em não permitir que você se sinta culpada por ter feito uma simples pergunta. Talvez você até fique um pouco embaraçada ao perceber que sua avaliação estava errada, mas culpada nunca.

É claro que existe outra opção nesse cenário: é possível que ele realmente *não* fume. Talvez ele dê um sorriso amarelo e puxe uma caixa de chocolates do bolso de sua jaqueta e lhe dê de presente, explique que está nervoso e que isso faz com que ele vá ao banheiro demais. Ele explica que o WC masculino fica bem ao lado da cozinha e que por isso não dá para evitar o cheiro forte de fumaça.

O fato é que, se você *não* fizer as perguntas que deseja, *escutar* as respostas, *interpretá-las* cuidadosamente e decidir se ele está ou não dizendo a verdade, jamais ficará satisfeita. Escutar é, neste caso, a chave para tudo

Resumindo, quando você "cai na real", tira do enganador o conhecimento, a força e o poder de decisão, fazendo com que estes retornem para suas mãos.

Plano de ação para o Capítulo 4

Como um lembrete, "cair na REAL" significa:

- reinicializar;
- enxergar – olhos;
- atentar – ouvidos;
- ler nas entrelinhas.

Escreva as letras R E A L nas costas do seu cartão de visitas, exatamente como elas aparecem aqui, ou talvez em um *Post-it* ou em qualquer outro pedacinho de papel que caiba na palma de sua mão (particularmente, prefiro o cartão de visitas, pois ele cabe perfeitamente em sua mão e pode ser consultado com frequência).

Coloque o cartão, o *Post-it* ou o pedaço de papel em algum lugar de fácil acesso, talvez no bolso da frente de sua camisa ou na primeira gaveta de sua mesa. Quando você conversar com as pessoas ao longo do dia – seja quem for –, tenha-o sempre com você para consultas. Logo você não precisará mais do cartão, pois se lembrará exatamente do que consiste o termo "cair na real". Contudo, por enquanto, tente mantê-lo à mão para que não precise fazer adivinhações.

Enquanto estiver curtindo um almoço tranquilo, jantando com os amigos, ou mesmo em um encontro, consulte frequentemente o lema "cair na real". Pratique o processo de reinicialização e use seus olhos para enxergar e seus ouvidos para escutar e atentar.

Você pode achar que não precisa praticar, mas acredito que esse processo seja simplesmente vital. Penso inclusive que achará o mesmo quando ler os próximos capítulos. Gostaria muito que, para seu próprio bem, você fizesse uso desse plano de ação, consolidando de vez o acrônimo "caia na real" em sua cabeça.

Usando o cartão, ou até mesmo sua memória, você terá o hábito de "cair na real" onde quer que esteja. Não estou sugerindo que você interrogue seus amigos e até mesmo todos os caras que encontra pela frente, mas apenas aconselhando-a a praticar esta filosofia para que, no momento em que deparar com situações às quais precise Reinicializar seus Olhos e Ouvidos para Enxergar, Atentar e Ler nas entrelinhas o que está acontecendo, você não esteja somente preparada, mas completamente acostumada com o processo.

Bônus especial: *Visite o site www.facelessliar.com e tenha acesso a um trecho do novo livro de Dan Crum,* The faceless liar: is he lying to you on the phone, e-mail, text, or chat?

Sua janela de foco

Quando o assunto é detectar a mentira, não se pode fazê-lo em um vácuo. Todas as pessoas são diferentes, têm históricos distintos e ostentam padrões comportamentais dissímeis que, para elas próprias, são perfeitamente normais. Em outras palavras, o que pode parecer enganação em Joe mostrar-se-á como sinceridade em Jim, e vice-versa.

Graças ao cinema e à TV, todo mundo acredita que sempre que alguém mente algum detalhe revelará tal atitute, como um tique nervoso, um movimento suspeito dos olhos ou o suor nas palmas das mãos. Porém, algumas pessoas simplesmente possuem tiques nervosos quando falam, estejam elas dizendo a verdade ou mentindo; outras têm o costume de olhar para cima ou para a esquerda,* sem que isso signifique absolutamente nada; e, falando abertamente, algumas pessoas apenas têm as mãos naturalmente úmidas.

Este capítulo a ajudará no desenvolvimento de uma "janela de foco" que lhe possibilitará saber se um homem a está enganando. Este é um processo fácil e rápido como um piscar de olhos, que você colocará em prática no momento certo, criando em sua mente uma espécie de filme no qual será possível vislumbrar as reações dos homens em face de questões específicas.

No decorrer deste capítulo, nos aprofundaremos neste processo, mas, por hora, saiba apenas que nele você já terá acesso a uma das técnicas concretas que irão ajudá-la na detecção das mentiras contadas pelos homens. E o mais importante é o fato de que existem apenas quatro etapas simples para que encontremos a janela de foco:

* *O autor provavelmente se refere a estudos científicos que demonstram que os movimentos dos olhos denunciam quando um indivíduo conta uma mentira. (N.E.)*

- **Etapa nº 1:** Comece com uma pergunta corriqueira.
- **Etapa nº 2:** Aprenda os quatro tipos de pergunta para determinar a enganação.
- **Etapa nº 3:** Não se esqueça de "cair na real" antes de fazer as perguntas mais relevantes.
- **Etapa nº 4:** Encontre a sua janela de foco.

Etapa nº 1:

Comece com uma pergunta corriqueira

Para dizer se um homem a está enganando é importante primeiramente determinar o que é normal. Em outras palavras, quando esse sujeito está simplesmente sentado, relaxado, tranquilo e, acima de tudo, sendo sincero, como é seu comportamento? Algumas pessoas chamam a isso de "situação de repouso", outras denominam "configuração padrão do indivíduo". Trata-se da maneira como ele se comporta quando está sendo simplesmente ele mesmo.

Gregory Hartley e Maryann Karinch, coautores de *Você para mim é um livro aberto* chamam a isso de "baselining" [linha imaginária ou padrão pela qual as coisas são medidas e comparadas]. Segundo eles, é uma "espécie de versão portátil do polígrafo". É usada para captar variações sutis na linguagem corporal e no tom de voz. Uma vez que saibamos exatamente o que procurar e escutar, é possível detectar mudanças que são acompanhadas de graus variados de estresse. Tal habilidade nos dá um alto grau de controle durante momentos de interação com outras pessoas.

Quer você chame a isso de "repouso", "configuração padrão" ou "baselining", o objetivo é o mesmo: procure pelo que é normal. Quando o faz, consegue determinar quando um homem está respondendo a suas perguntas de maneira normal. Isso quer dizer que, ao saber como ele reage estando relaxado, poderá reparar em suas atitudes sob estresse.

As perguntas, neste caso, são o que chamamos de estímulos que possibilitam a observação de comportamentos e respostas. Em outras palavras, quando fazemos perguntas às pessoas, automaticamente ativamos seu sistema nervoso autônomo, o que nos mostra quando a mentira está em curso.

Aqui vai um exemplo: digamos que você queira saber se um homem com quem você saiu para um encontro já teve um romance passageiro e casual. Esta é a parte fácil – pergunte: "Diga-me, você por acaso já vivenciou uma aventura romântica?" Acredite, esse tipo de pergunta o pegará desprevenido e sua resposta revelará facilmente se ele já teve ou não.

O problema com esse tipo de abordagem é que a maioria das mulheres para por aí. Elas ainda não perceberam o que é normal, então não têm ideia de como determinar a mentira a partir da resposta fornecida pelo rapaz. Apenas o fato de o sujeito se assustar com a pergunta não significa que ele estará mentindo ao dizer não, nem dizendo a verdade ao falar sim (poderia, afinal, ser uma confissão falsa!). Muitas pessoas quase cairiam da cadeira ao ouvir tal pergunta, particularmente se ela partisse de você.

Desse modo, a fim de podermos julgar a maneira como um homem responde às suas perguntas, você precisa primeiro descobrir o estado normal do indivíduo. Lembre-se: não é possível determinar o estresse se não soubermos como o normal se parece. Por "*normal*", não me refiro ao fato de o sujeito ser estranho, mas à sua configuração padrão, à sua "baseline". Ao modo como ele se comporta quando não está sob os holofotes, quando não está sendo testado ou interrogado (não que você pensasse em fazer algo desse tipo, claro que não!).

Para estabelecer um estado de normalidade e descobrir o que é corriqueiro para o homem em questão, você deve adotar os passos a seguir.

Envolva-o em um bate-papo

Nem toda palavra em um diálogo precisa ser pesada; nem toda pergunta precisa ter algum significado. Muitas vezes conversa é apenas isso – conversa. Quando você se envolve em pequenos bate-papos, quando suas questões são leves e seus gestos e tom de voz não soam ameaçadores, você deixa o homem à vontade, de modo que ele não apenas consegue relaxar, mas permite a você analisar o modo como ele se comporta, o que diz e como gesticula quando está nesse estado.

Lembre-se, em condições ideais, o indivíduo sentir-se-á à vontade, de maneira que você poderá observar como ele é normalmente, tendo a oportunidade de manter um relacionamento com um cara legal. Se, em contrapartida, ele estiver na berlinda, tenso, na defensiva ou ainda tendo de provar algo a você, então jamais saberá como ele é no dia a dia – o que é péssimo, pois jamais saberá se ele a está enganando.

Durante a conversa fiada, questões pesadas, inoportunas ou carregadas não devem ser utilizadas. Nesse primeiro momento, você está apenas batendo papo sobre coisas simples, informais e casuais, como o tempo, time favorito, filmes, música, interesses em geral e hobbies. Seu objetivo é determinar o que chamamos de "comportamento habitual". Enquanto interage informalmente, observe como ele responde enquanto está relaxado e faça a si mesma as seguintes perguntas sobre seu comportamento:

- Ele usa as mãos quando fala?
- Repete algumas expressões, do tipo: "tudo bem", "ótimo" ou "legal"?
- Diz coisas como: "Você entendeu o que eu quis dizer?" ou "Prá dizer a verdade"?
- Cruza e descruza as pernas habitualmente?
- Gagueja ou pisca os olhos rapidamente, mesmo quando se trata apenas de conversa casual?

É importante descobrir o que ele faz o tempo todo, até mesmo quando está relaxado – denominamos isso **Comportamento Habitual** – para que possamos saber quando deixa de agir naturalmente ao ser questionado.

Talvez ele seja uma pessoa inquieta; é possível que seja do tipo elétrico, sempre plugado no 220v e tenha dificuldade para se sentar tranquilamente, mesmo quando ele está apenas batendo papo sobre a quais filmes tem assistido ultimamente, seu time favorito ou sobre as condições do tempo. Sabendo como ele é – um comedor de unhas, um sujeito que sua demais, ou qualquer coisa do gênero –, isso irá ajudá-la a evitar pistas falsas se e quando ele tentar enganá-la.

Digamos que você lhe pergunte alguma coisa um pouco mais crítica, como: "Então, você já teve uma aventura amorosa?" Bem, se ele se mover freneticamente quando escutar essa pergunta, isso não necessariamente indicará uma enganação, porque no final das contas, ele já se comportava assim *antes* de você fazer a pergunta e continuará se comportando da mesma maneira bem *depois* que o encontro tiver terminado.

A conversa fiada (recheada de tópicos leves e casuais que não propõem uma ameaça) é uma ótima maneira de começar a definir o que é corriqueiro. Aqui vão alguns tópicos gerais que deixarão o sujeito à vontade:

- tempo;
- esportes;
- hobbies;
- trabalho;
- carros;
- celebridades;
- atualidades;
- filmes;
- música;
- TV.

Faça algumas perguntas mais restritas e não ameaçadoras

No basquete existem jogadas mais difíceis e outras mais fáceis. Um arremesso de três pontos do meio da quadra com a defesa enlouquecida e os torcedores completamente ensandecidos, faltanto apenas 1 décimo de segundo para o término do jogo, e que poderá decidir o resultado da partida, é considerado bem difícil. Fazer um arremesso de bandeja, daqueles em que o jogador está bem debaixo da cesta, tendo pela frente apenas uns colegas do trabalho, gorduchos e cansados, já é relativamente mais fácil.

Nesta seção, gostaria de deixar de lado a conversa fiada casual, que não serve para confrontar o parceiro, e partir para algumas perguntas fáceis, não ameaçadoras, mas ainda um pouco restritas. Isso permitirá que você posteriormente introduza questões um pouco mais delicadas. Por hora, o que você ainda está tentando fazer é deixá-lo relaxado, à vontade, sorrindo, gargalhando e falando, de modo que possa conhecê-lo em seu estado normal.

Alguns exemplos de questões restritas e não ameaçadoras:

- Como foram as suas últimas férias?
- Quais bandas estão na sua lista de favoritos em seu iPod atualmente?
- Onde você estudou?
- Onde foi criado?
- Quantos irmãos ou irmãs você tem?

Procure por gestos e movimentos habituais

Durante a conversa, enquanto você o mantém em um estado relaxado e tranquilo, é hora de começar a trabalhar e procurar por certos gestos habituais.

Esses gestos incluem coisas que fazemos sem sequer pensar a respeito. Com frequência, tais costumes podem nos remeter à infância. Por exemplo, como você calça os seus sapatos pela manhã? Você coloca as duas meias, calça os sapatos em ambos os pés, e só então os amarra? Ou você veste uma meia, um sapato e o amarra, antes de repetir o processo com o outro pé? Nenhum desses métodos está certo ou errado, mas certamente um deles lhe foi provavelmente ensinado quando ainda era criança, e você o tem repetido (habitualmente) desde então.

Se você põe a sua língua para fora quando paga as contas, trabalha com uma calculadora ou digita, as chances são de que você tenha sido o tipo de criança que punha a língua para fora quando coloria uma folha de papel no jardim da infância ou fazia uma prova do primeiro ano.

Esses gestos se transformam em hábitos porque nós os fazemos com tanta frequência que, após algum tempo, os desempenhamos sem sequer pensar a respeito. Portanto, é extremamente importante procurar alguns gestos habituais presentes quando o indivíduo está relaxado, de modo que seja possível desconsiderá-los quando ele tentar enganá-la. Por exemplo:

- Ele belisca a orelha toda vez em que precisa responder a alguma pergunta?
- Cruza e descruza as pernas?
- Fica olhando ao redor da sala enquanto fala com você?
- Mantém contato olho no olho?

Lembre-se, nenhuma dessas ações, *isoladamente*, significa que ele esteja sendo enganoso ou sincero, mas apenas que está sendo *ele mesmo*. Quanto mais você puder ver o que ele faz quando está relaxado, mais informação você terá quando, posteriormente, as coisas ficarem um pouco mais sérias.

Procure por qualificadores e fraseado específico

O uso de **qualificadores** é uma tática que algumas pessoas utilizam para se distanciar da verdade. Algumas vezes fazem isso conscientemente ao restringirem suas "apostas" (ou respostas), por assim dizer. Outras vezes o fazem como hábito, pois sempre se comportaram da mesma maneira.

Escutamos qualificadores o dia inteiro; talvez você mesmo os utilize quando fala. Trata-se de palavras, expressões e frases, como: *às vezes, talvez, pode ser, pelo que eu sei*, e assim por diante.

Respostas definitivas funcionam exatamente de maneira oposta aos qualificadores, por exemplo: *sim, não, toda terça, quinta passada no almoço*, entre outras.

Quando entrevistamos alguém sincero, essa pessoa geralmente utiliza pouquíssimos qualificadores e será mais assertiva. Se alguém lhe perguntar "Você bebe?" e a pessoa não o fizer, ao invés de hesitar e parecer desarticulado, simplesmente dirá "não", ou talvez algo, como: "Eu costumava beber, mas parei há seis anos", ou ainda "Uma taça de champanhe no ano-novo conta?"

Qualificadores são palavras que ajudam a evitar a abordagem direta de determinado assunto que seja ou pareça desconfortável, embaraçoso ou inadequado; eles podem também ajudar a camuflar mentiras.

Ao tentar determinar o que é normal em um sujeito, não estamos procurando ativamente pelo logro; é exatamente o oposto. Você quer ver, escutar e sentir como ele age no momento em que está sendo ele próprio, ou seja, atentar para seu comportamento padrão; o modo como é quando não está em guarda, quando você o deixa à vontade. Nesse caso, portanto, não estamos buscando ativamente por qualificadores conscientes, esquemáticos e óbvios, que visam a esconder atrás de si a mentira, mas, sim, por aqueles que possam ser usados habitualmente, apenas por fazerem parte do seu discurso há anos.

Por exemplo, conheço um sujeito que usa a palavra "tipicamente" o tempo todo; este é um padrão do seu discurso habitual. Quando isso começou eu não faço ideia, mas hoje é uma constante em seu modo de falar. Por exemplo, eu poderia perguntar: "Quanto tempo vai demorar para terminar essa tarefa?" E ele responderia: "Tipicamente, eu poderia fazer este trabalho em seis semanas". E se eu perguntasse: "Você pode entregar esse projeto neste final de semana?" E então ele diria: "Tipicamente, não trabalho nos finais de semana, mas neste caso posso abrir uma exceção".

Apesar de tipicamente *ser* um qualificador, neste caso ele não está sendo enganoso ou astuto. Acredito que esteja apenas restringindo suas apostas para o caso de o trabalho demorar oito semanas ao invés de seis ou cinco; dessa maneira, ao dizer "tipicamente seis semanas", ele se mantém protegido.

Outro bom exemplo de qualificador é quando um vendedor ou um político aprende a replicar de maneira imediata e habitual a qualquer pergunta, dizendo: "Essa é uma boa pergunta". Preste atenção a esse tipo de "resposta" enquanto observa o comportamento normal, porque esse é o tipo de resposta enganosa, caso, é claro, não faça parte de seu discurso habitual.

Etapa n°2:

Aprenda os quatro tipos de pergunta para determinar a enganação

Agora que já determinou o estado normal de um homem, o caminho está aberto para realizar as perguntas necessárias a fim de obter qualquer informação que desejar. Lembre-se: sem saber o que é normal, teria sido difícil saber o que é anormal; você está, portanto, mais preparada para fazer outros tipos de perguntas.

Como dito anteriormente, esse processo segue uma ordem. Até agora você aprendeu como estabelecer o comportamento normal de um homem e a determinar sua "baseline" ou configuração padrão. O próximo passo é definir as perguntas certas para ir adiante. Mais tarde, neste capítulo, falaremos mais especificamente sobre a etapa final deste processo: a janela de foco.

Por hora, aqui vão os quatro tipos de questões que serão utilizadas em sua janela de foco.

Simples e direta

Normalmente, tentamos fazer questões elaboradas e repletas de meandros a fim de "disfarçar" a verdadeira pergunta, ou de simplesmente criar uma espécie de cortina de fumaça em torno do verdadeiro tema que pretendemos abordar; essas são as chamadas *perguntas indiretas*. Os homens são muito bons em escapar desse tipo de pergunta e podem responder de maneira enganosa, ou pelo menos indireta, quando confrontados com questões desse tipo, que possam sugerir respostas dúbias. Contudo, o que gostaria de introduzir neste momento são as perguntas descomplicadas e diretas. De forma simples, perguntas diretas normalmente são as que requerem respostas simples. Nem todas serão "sim" ou "não", mas todas terão uma resposta definitiva. Por exemplo:

- "Você mora sozinho?" – esta pergunta requer uma resposta "afirmativa" ou "negativa.
- "Quando foi a última vez em que você falou com a sua mãe?" – esta não pede uma resposta "sim" ou "não", mas pode ser respondida com simplicidade: "Ontem à noite" ou "Mês passado".

É importante reparar que quando determinamos quais perguntas queremos fazer, precisamos nos esforçar ao máximo para que elas sejam, sempre que possível, simples e diretas. O próximo tipo de perguntas evoluirá a partir destas.

Conjecturais

Questões deste tipo incorporam a resposta em forma de suposição dentro da própria pergunta. Elas podem ser condutivas, pois não deixam muito espaço de manobra para aquele que a responde. Digamos que você suspeita que um cara com quem namora esteja desempregado. Talvez ele diga que vai ao trabalho todos os dias, mas telefona da própria casa, durante a semana em horário de expediente, de quatro a cinco vezes por dia. Você pode fazer uma questão conjectural, como: "Quando você foi despedido?" A hipótese levantada aqui é de que ele não esteja mais trabalhando para a companhia da qual fazia parte. Porém, ela vai ainda mais longe ao assumir que o rapaz tenha sido despedido (um caso mais sério se comparado a um pedido de demissão). Com esta pergunta, você cria a oportunidade para que a pessoa assuma que não está mais no emprego e proteja seu orgulho próprio explicando que foi ela quem pediu demissão por alguma razão justificável (ao invés de ter sido demitida).

Negativas

Perguntas negativas forçam o indivíduo a tomar uma posição clara em relação a uma situação negativa. Por exemplo: "Você não deveria beber menos, já que vai dirigir para casa?" Esta é uma pergunta negativa que somente pode ser respondida de duas maneiras: sendo sincero ou agindo na defensiva. Outro exemplo: "Aquela garota ali *não está* te olhando?" Veja que a pergunta não foi direta, ou seja, do tipo: "Ela *está* flertando com você?" O fato é que diante de uma situação clara o indivíduo questionado tem apenas duas opções: negar ou confirmar. Perguntas negativas indicam que você está tentanto influenciar o sujeito a fazer algo ou a concordar com você. Aqui vai outro exemplo: digamos que você e seu namorado tenham marcado de ir à casa de um amigo em comum após o jantar; contudo, agora que chegou a hora se sair, percebe que não está a fim. Ao invés de simplesmente perguntar ao seu parceiro se ele quer ir, use uma pergunta negativa, do tipo: "Você não prefere ficar aqui em casa esta noite?" Tal estratégia torna esse tipo de questão não apenas negativa, mas também condutiva e, ainda mais importante, persuasiva.

Isca

Uma questão do tipo "isca" é a mais manipuladora das quatro. Perguntas que oferecem algum tipo de chamariz propõem ao indivíduo um cenário dramático, que o força a considerar se aquilo poderia realmente ocorrer. Se achar que sim, uma pessoa que fosse culpada normalmente "morderia a isca" e revelaria sua enganação oferecendo uma explicação para o tal cenário, enquanto uma pessoa inocente não demonstraria preocupação com o que poderia acontecer. A questão "isca" somente é usada quando há fortes suspeitas de que o seu parceiro está sendo mentiroso, ou ainda se existirem provas de que está de fato sendo enganada, como no caso de seu companheiro estar desempregado ou traindo você com outra mulher. Veja dois exemplos:

- "Será que eu vou receber um e-mail me alertando que você ainda está saindo com sua antiga namorada?"
- "Quando eu enviar este convite, será que o seu chefe vai me dizer que você não trabalha mais lá?"

Etapa n°3:

Não se esqueça de "cair na real" antes de fazer perguntas mais relevantes

A etapa n°3 nos faz lembrar da importância de se "cair na real", ou reinicializar nossos olhos e ouvidos, a enxergar, escutar e atentar para as entrelinhas, antes de começar a fazer perguntas para determinar a sua janela de foco. Assumir uma mentalidade não julgadora e sem preconceitos não apenas protegerá o homem de ser avaliado injustamente, mas também a impedirá de agir desse modo.

É preciso que sejamos justos – com você e com ele. Uma grande parte deste capítulo se concentra em tratar o homem com justiça, como se ele não a estivesse enganando. Quando você "cai na real", também se livra dos seus preconceitos contra os homens em geral, particularmente daqueles contra indivíduos que acredita estarem lhe enganando, quando na verdade não estão. Você também se vê livre do hábito de não perceber o logro nas pessoas que acredita estarem sendo honestas.

Modos habituais também se aplicam a você; é preciso estabelecer uma "baseline" ou "configuração padrão" para que consiga ir a um encontro ou entrevista, ou mesmo iniciar um relacionamento, isenta de preconceitos em relação a um determinado indivíduo, tornando-se você mesma uma tela em branco. Podendo basear suas decisões naquilo que está realmente acontecendo, e não somente em sua percepção do que está acontecendo.

O melhor momento de se "cair na real" é imediatamente antes de abrir sua "janela de foco".

Etapa n°4:

Encontre sua janela de foco

A janela de foco é um breve período de tempo durante o qual você precisa estar em alerta máximo para perceber os sinais da mentira. É o instante que separa a pergunta da resposta, no qual você deve se manter altamente concentrada e completamente focada na resposta.

Lembre-se, não é o que você pergunta que requer mais concentração, ou mesmo os segundos que demoram para que ele absorva a questão, mas a sua verdadeira resposta verbal e não verbal. Importante salientar que um diálogo em que exista uma janela de foco ocorrerá em três fases específicas:

- **Primeiro, você faz a pergunta**. Lembre-se de que a sua janela de foco não se abrirá exatamente no momento em que colocar a questão.
- **Segundo, você dá tempo para que a pessoa com quem está conversando absorva a pergunta**. Alguns homens respondem de maneira mais lenta do que outros, então esse processo pode levar um ou dois segundos. Portanto, primeiro você faz a pergunta e então permite que o outro a internalize.
- **Terceiro, há um período de resposta**. Sua janela de foco se abrirá a partir do momento em que ele tiver internalizado a pergunta. Ela então permanecerá assim por pouco tempo, cerca de cinco segundos. Este é o período no qual deverá buscar por sinais de enganação.

A janela de foco é como o momento no qual tiramos uma fotografia: as luzes brilham e a imagem é congelada no filme (ou, mais precisamente nos dias atuais, no cartão de memória). Abrir a sua janela de foco deve se tornar um hábito, assim como "cair na real", pois quanto mais você o fizer, mais acostumada estará.

Por que a janela de foco é tão importante? Tudo o que envolve um encontro significa distração: os seres humanos são naturalmente excitantes, as conversas tornam-se agitadas, as bebidas são servidas e talvez na sequência ainda ocorra um jantar à luz de velas, regado a vinho e música. Lembre-se de que mesmo um encontro tranquilo pode ser prejudicado quando variantes externas, como música alta ou péssima acústica, assumem o controle.

A janela de foco lhe permitirá gravar em sua mente, de forma clara, o modo como o seu companheiro reage a uma questão, independentemente das condições do tempo, da hora do dia, do nível de barulho ao redor ou do lugar onde estiverem sentados.

É o seu próprio vídeo pessoal que registra como ele respondeu à sua pergunta, de modo verbal e não verbal; concentrando-se nisso, você poderá revê-lo quantas vezes quiser, e reavaliá-lo cuidadosamente não apenas no momento em que a indagação é feita, mas também depois.

Aqui vão algumas maneiras de fortalecer a sua janela de foco, de modo que o seu filme mental torne-se cada vez mais claro em cada pergunta, e não embaçado e desfocado devido a distrações externas:

- **Tente encontrar uma abertura (uma transição ininterrupta).** Geralmente, sentimo-nos tão ávidos para obter a resposta para uma pergunta que consideramos urgente e fundamental que simplesmente a colocamos no momento menos oportuno. Essa não é a maneira mais eficiente de abrir a sua janela de foco ou obter uma resposta válida. Os homens entram em alerta máximo quando as mulheres ficam ansiosas, e quando uma mulher ansiosa deixa escapar uma pergunta, há grandes chances de que seu companheiro se feche, quer ele esteja dizendo a verdade ou não. Então, para garantir a obtenção de respostas válidas, espere por uma oportunidade natural, por uma pausa ou momento de transição para fazer a pergunta que programou.

- **Fique quieta após perguntar.** Temos o hábito de começar a falar antes que a outra pessoa termine seu raciocínio, as frases se sobrepõem quando interrompemos uns aos outros, criando uma espécie de superposição de ideias, sem começo, meio ou fim. A melhor maneira de assegurar uma resposta específica e imediata de um homem é fazer a pergunta e então calar-se. Apenas escute. A chave para uma janela de foco é usar aqueles cinco segundos durante os quais o homem responderá à sua pergunta para verdadeiramente enxergar e escutar a possível mentira. Quanto mais silenciosa se mantiver durante esses cinco segundos, mais clara a sua janela de foco será. Lembre-se, se a sua pergunta for simples e direta, não há necessidade de fazê-la novamente ou esclarecê-la. As pessoas tendem a ter medo do silêncio ou de perguntas desconfortáveis e, por causa disso, acabam embaçando sua janela de foco, abrindo a boca no momento errado.
- **Dê-lhe um segundo para assimilar a questão.** Nós já estabelecemos que essa é a segunda parte do processo de sua janela de foco, mas nunca é demais reiterar: não procure pela enganação enquanto seu companheiro ainda estiver assimilando a pergunta. Em vez disso, dê-lhe alguns segundos para absorvê-la e *então* foque a atenção em sua resposta. Normalmente, esse período "entre as duas coisas" é marcado por um olhar fixo e vazio, uma expressão passiva como se a pessoa perguntasse "o que será que vem agora", e uma ausência de movimento físico ou verbal enquanto a pergunta ainda se assenta; então é prá valer, não é um bom momento para procurar pela mentira, simplesmente porque ainda é cedo demais para julgar.

- **Enxergue e escute os sinais da mentira que começam poucos segundos após a internalização da pergunta.** Aqui está a verdadeira janela de foco; é agora que o seu trabalho começa. Se ele vai enganá-la, trapaceá-la, dar-lhe informações falsas e confusas, isso irá acontecer dentro desses breves e específicos cinco segundos da janela de foco. E é por isso que é tão importante saber o que é normal, pois se tiver que desperdiçar o pouco tempo que tem avaliando tiques, engasgos, cruzadas de pernas, ou "hummm", sua janela de foco não será clara, e comportamentos habituais ou padrão irão colocá-la para fora do jogo antes que consiga dizer: "Fui enganada".
- **Qualquer coisa fora desta janela geralmente não está relacionada com sua questão e, portanto, não deve ser levada em consideração.** A razão pela qual existe uma janela de foco específica é para que você literalmente olhe *através* dela, não ao seu redor. Então, o que ele fez ou deixou de fazer antes que você coloque sua questão não conta em relação à pergunta em si, assim como o que ele vier a dizer ou fazer depois de responder, pois será irrelevante. A única exceção para essa regra é quando as palavras ou ações enganosas que começaram dentro da janela continuam além dos cinco segundos. Nesse caso, você deve considerar todas as palavras e os comportamentos relevantes até que ele pare de falar ou até que seu corpo repouse novamente.

No próximo capítulo, falaremos sobre o consciente e o subconsciente, as reações internas que as pessoas têm quando questionadas, e como adquirem maior controle sobre si mesmas se tiverem a oportunidade de absorver o choque. O que ocorre na janela de foco é específico e quantificável, uma vez que pertence à pergunta feita. Já o motivo pelo qual a janela de foco é tão curta é o fato de que, após cinco segundos, o interlocutor conseguirá controlar as suas reações e maquiar os resultados. Porém, dentro daquele breve período sua reação é nervosa, visceral e normalmente foge ao seu controle, o que significa que é valiosa para aqueles que estão em busca de detectar possíveis tentativas de enganação.

- **Tenha cuidado para não irritar as pessoas ou interrogá-las desnecessariamente, ou acabará fazendo com que inocentes fiquem desconfortáveis e ajam impensadamente.** Imagine que alguém suspeita que você furtou algo de seu colega de trabalho, e pergunta: "Você pegou alguma coisa do escritório de John ontem?" Se for inocente, sua resposta mais natural será: "Não. O que foi roubado?" Imagine, porém, que o acusador não tenha ficado satisfeito com a sua resposta e continue insistindo nesse assunto, questionando-a repetidas vezes sobre o furto. É importante lembrar de que pessoas inocentes costumam ficar mais aborrecidas do que as culpadas quando, mesmo após terem afirmado sua inocência, não são consideradas dignas de confiança. Na tentativa de se defenderem, elas contra-atacarão e utilizarão vários comportamentos verbais e não verbais que poderão parecer enganação, mas que na verdade resultam apenas do embaraço causado pelo acusador. Lembre-se de não insistir demasiadamente em situações que já se mostraram livres de logro, ou acabará promovendo o surgimento de comportamentos aparentemente mais enganosos.
- **Um único sinal de logro já é o suficiente para que você se preocupe; mais do que um, geralmente indica que a enganação está de fato presente.** Nos próximos capítulos, você aprenderá a perceber vários indicadores de enganação verbal e não verbal. Uma questão comumente levantada é: *um* sinal de enganação é igual a uma mentira? Na verdade, quando vemos um único sinal de enganação, já

devemos nos preocupar. Porém, é preciso lembrar de que mais de um sinal, costuma ser uma evidência sólida de que a mentira está presente. Pense nisso como se estivesse em um tribunal e você fosse o júri: uma única evidência não costuma ser o suficiente para a condenação, e frequentemente deixa espaço para dúvida. Contudo, se um conjunto de provas lhe for apresentado, será fácil decidir pela condenação. As dúvidas desaparecem.

Palavras finais sobre a "janela de foco"

Para que possamos seguir em frente, é muito importante que o conceito da janela de foco esteja bastante claro. Além disso, é fundamental que você realmente utilize estes preciosos segundos em sua vantagem. Lembre-se de que a janela de foco não é uma ocasião para simplesmente mantermos o curso adiante, mas uma oportunidade para congelarmos o tempo e vermos as coisas de maneira mais clara.

Conforme praticar sua janela de tempo, acredito que perceberá o quanto esses pequenos intervalos de apenas cinco segundos podem ser valiosos, não somente na detecção do logro, mas também em suas conversas cotidianas em quaisquer áreas de sua vida. Afinal, todos nós podemos nos beneficiar de um pouco mais de foco em nossas vidas, e a janela fornece justamente isso.

Plano de ação para o Capítulo 5

Agora que você já conhece a janela de foco, é hora de começar a usá-la de maneira ativa e eficiente em seu cotidiano. Acredito que você a verá como uma ferramenta vital não apenas para detectar possíveis mentiras, mas também para se tornar uma ouvinte melhor.

Seria muito difícil pedir que você aplicasse essa técnica toda vez em que fizesse um pergunta, mas penso que seja perfeitamente possível sempre utilizar esta estratégia durante a primeira pergunta de uma interação comum. Lembre-se, contudo, do formato bastante específico da janela de foco: faça a pergunta; aguarde para que o interlocutor absorva a questão, o que deve durar uns dois segundos; preste atenção ao início da resposta, tempo em que sua janela se abre; atente para a resposta; e tenha em mente que somente cinco segundos após a pergunta ter sido absorvida você deverá prestar atenção a quaisquer sinais de mentira.

Para colocar esse processo em curso, aplique-o durante conversas casuais. Mesmo quando você não estiver tentando detectar possíveis logros – ao conversar com sua avó, por exemplo –, é importante manter sua janela de foco sempre pronta.

Bônus especial: *Visite o site www.facelessliar.com e tenha acesso a um trecho do novo livro de Dan Crum,* The faceless liar: is he lying to you on the phone, e-mail, text, or chat?

1 2 3 4 5 **6** 7 8 9 10

Os dois maiores sinais de logro

Acredite se quiser, temos um aliado importante em nossa busca pela enganação: **o corpo humano.** Por mais que tentemos esconder a nossa crescente palpitação, as palmas suadas, os poros abertos ou o rubor na face quando ficamos estressados, encurralados ou ansiosos, o sistema nervoso autônomo (SNA) luta ferozmente para nos entregar.

Isso ocorre porque o SNA funciona como uma parte reguladora do sistema nervoso, encarregado de equilibrar aquelas funções vitais que os cientistas consideram como involuntárias: respiração, batimentos cardíacos, corrente sanguínea, perspiração, e assim por diante. Conforme interage com um sofisticado conjunto de glândulas e hormônios, o SNA se atualiza constantemente e responde às pressões diárias da vida, às rotinas enfadonhas e à excitação, com o intuito de oferecer ao seu corpo a resposta mais adequada.

Nos momentos serenos e pacíficos o SNA, em repouso, devolve ao corpo seu equilíbrio natural, ou seja, a um estado *homeostático*, no qual o oxigênio, o fluxo sanguíneo, a perspiração e até a cor da pele são equilibrados e entram em harmonia. Quando situações de estresse, ansiedade ou perigo real entram na equação, o SNA prepara uma *resposta ao estresse*, também chamada de CCC (combata, corra ou congele).

Quando o corpo percebe um perigo, o SNA faz com que as glândulas produzam determinados hormônios, como a adrenalina e o cortisol, para que estes coloquem o organismo em um estado de atividade máxima, como uma resposta natural ao perigo iminente (a já mencionada resposta ao estresse).

Combata, corra ou congele!

O resultado desse processo é que o corpo deixa o estado homeostático e se torna supercarregado, quase sobre-humano, pois os fluxos sanguíneo e de oxigênio aumentam, o tempo de reação se amplia e os músculos tornam-se mais ágeis e disponíveis, se necessário. Em resumo, em alguns segundos, nosso corpo está pronto para (1) **Combater** o perigo; (2) **Correr** para longe dali e tentar viver mais um dia; ou (3) **Congelar**, pelo fato de ter entrado em curto-circuito.

Como essa reação funciona no homem? Se você já testemunhou, em algum programa sobre a vida animal, o modo como um leão caça uma gazela, terá mais ou menos uma ideia de como um homem se sente quando você lhe faz uma pergunta estressante, que o leva a começar a enganá-la.

Imagine uma gazela pastando, contente e tranquila. Seu corpo experimenta um equilíbrio completo de seus sistemas químicos enquanto sua respiração, seus batimentos cardíacos e sua resposta muscular estão cuidadosamente regulados. De repente, um leão se lança por detrás dos arbustos e imediatamente a gazela tem de decidir o que fazer a partir de três hipóteses: combater, correr ou congelar.

Em centésimos de segundos, a gazela percebe que esse não é o tipo de predador com quem possa lutar; congelar, em contrapartida, também não parece uma boa opção; ela imediatamente corre. Seu corpo – regulado pelo SNA – providencia todas as ferramentas das quais ela pode dispor para fugir do leão: os batimentos cardíacos aumentam; seus pulmões processam mais oxigênio; a digestão, a bexiga e até o esfíncter são geralmente inibidos; seus poros se abrem para permitir um aumento na perspiração; ela experimenta a visão de túnel* para ignorar qualquer outro estímulo externo além, é claro, do leão que está atrás dela; e seus músculos se beneficiam de uma aceleração da "ação reflexa instantânea".

---

* *Trata-se do estreitamento do campo visual. (N.E.)*

A gazela jamais foi treinada para oferecer respostas tão instantâneas e imediatas; isso se deve ao longo e doloroso processo de evolução pelo qual todos os seus ancestrais passaram – na verdade, todos os mamíferos – e que está gravado em seu DNA. O mesmo ocorre com os seres humanos, portanto, também devemos agradecer aos nossos ancestrais pré-históricos por desenvolver e refinar nossa capacidade de resposta ao longo dos séculos.

Independentemente do número de anos, ou séculos, que tenha decorrido, a resposta do ser humano ao estresse permanece essencialmente a mesma, desde a época em que caçava enormes mamutes e tigres-dentes-de-sabre, ao invés de belas jovens.

Por que o SNA é nosso aliado?

Quando o assunto é detectar a enganação, a beleza do sistema nervoso autônomo está no fato de que, independentemente de fazer parte de nossa vida, e do quanto tentamos mascará-lo, simplesmente não somos avançados o suficiente para controlar nossas respostas ao estresse. Essas reações são involuntárias; simplesmente acontecem.

Até mesmo um soldado altamente treinado, especialista em controlar a própria respiração, os batimentos cardíacos e os reflexos musculares, não consegue controlar ou mascarar suficientemente suas respostas ao estresse, a ponto de impedir que seu rosto core, que sua pulsação acelere, ou que o suor escorra pelo rosto durante uma batalha intensa ou, em alguns casos, durante um extenuante interrogatório.

Com base em minha experiência profissional, e em todo o treinamento junto à CIA na área de detecção de mentiras e de sinais de aviso, posso garantir-lhe que se eu resolver mentir, caluniar ou omitir alguma informação, seja qual for o motivo (não que isso ocorra com frequência), testemunharei meu corpo repentinamente se rebelar contra mim, elevando meus batimentos cardíacos e meu fluxo de oxigênio. Particularmente, tenho dificuldade em me manter quieto e costumo me mover para aliviar o estresse.

Ainda que eu conheça esses sinais e saiba que para escapar à detecção da mentira eles devem ser evitados a todo custo, isso é impossível, pois são completamente involuntários e estão entranhados em meu DNA. O máximo que alguém pode fazer é mascará-los. É nesse momento que começa a enganação.

Quando você já ultrapassou a fase de suspeita e deseja pressionar um indivíduo para obter mais informações – de maneira ativa e, em alguns casos, até agressiva –, um dos seus mais valiosos aliados é, portanto, o SNA.

Existe algo chamado "aumentar a temperatura", que algumas de vocês podem até já ter utilizado de modo instintivo. Frequentemente, colocamos essa técnica em prática quando algo cheira mal ou, ao contrário, parece bom demais para ser verdade. Mesmo Ashley, que era bastante inexperiente na detecção de mentiras, ao participar de seu primeiro evento de *speed dating* já sabia instintivamente como aumentar o calor em determinado ponto da conversa com cada um dos quatro rapazes.

Se você se lembra, as perguntas dela foram especificamente delineadas para induzir uma resposta sob estresse:

- **Questão n°1:** *Você já traiu alguém?*
- **Questão n°2:** *O que uma mulher deveria fazer se descobrisse que seu parceiro a está traindo?*

O que é ótimo em questões desse tipo é o fato de elas serem genéricas, ou seja, do tipo que analisa a situação como um todo e acaba induzindo uma resposta do tipo "combata, corra ou congele"; contudo, elas também podem ser personalizadas para atender a necessidades dentro de um relacionamento que já dura mais tempo, sempre que surjam sinais de perigo que sugiram algum tipo de enganação em andamento.

Por exemplo, no caso de um homem que você ache que pode estar desempregado, é possível provocar uma resposta de estresse se perguntar:

- "Você tem um emprego?"
- "Qual é o seu horário de trabalho?"
- "Qual é o telefone do seu trabalho?"

Já no caso de você suspeitar que um determinado sujeito tem outro relacionamento paralelo enquanto tenta começar um romance com você, pode perguntar-lhe:

- "Você está namorando alguém atualmente?"
- "O que você pensaria de alguém que tentasse namorar duas pessoas ao mesmo tempo?"
- "Você já começou uma nova relação antes de terminar a antiga?"

Quando a resposta de estresse é estimulada, ela fornece muitos indicadores de enganação. Contudo, nem todos os homens exibirão todos eles. Por essa razão, estabeleci os dois maiores sinais de logro – demonstrados por quase todas as pessoas que tentam encobrir mentiras – e pretendo agora compartilhá-los com vocês.

Pontos dormentes

Comecemos pela primeira habilidade importante que você precisa desenvolver: **o que procurar.**

Você se lembra quando expliquei que o sistema nervoso autônomo faz com que o corpo reaja automaticamente a situações de estresse? Bem, no caso da pergunta que você fez ao sujeito do capítulo anterior – "Você já teve uma aventura romântica?" –, ele a escuta, a reconhece e a processa em seu banco de memórias; então lhe dá a resposta. Normalmente ele dirá algo (verbalmente), mas o que você está realmente procurando é o que ele faz com seu corpo – especificamente, com certas partes do corpo. Na maioria das situações, o indivíduo estará provavelmente sentado quando você fizer a pergunta. Se de fato estiver, vários pontos de seu corpo estarão em repouso.

Chamemos a eles de **pontos dormentes**. Vejamos um exemplo: digamos que você olhe para ele e perceba que seu pé esquerdo está apoiado no chão, e que sua panturrilha direita repousa sobre a coxa esquerda; o cotovelo direito está descansando sobre a coxa direita, sua mão direita está colocada sobre seu joelho direito e sua mão esquerda, sobre o tornozelo esquerdo. Esses são, portanto, os pontos dormentes – o modo como está sentado, relaxado, sereno e no controle, que nos faz lembrar aquela pobre gazela antes de o leão avançar sobre ela. O que queremos saber é se a pergunta feita faz com que pelo menos um desses pontos desperte.

Este é o sistema nervoso autônomo em funcionamento. Você está tentando evocar uma resposta sob estresse e confirmar se ele irá combater, correr ou congelar. Se o homem sentir-se ameaçado pela indagação, pois acredita que sua pergunta significa que, no caso de uma resposta afirmativa, você não terá interesse em se relacionar com ele, *não terá controle* sobre as reações corporais automáticas e pelo menos um desses pontos dormentes despertará.

Isto é importantíssimo: as pessoas não conseguem controlar reações corporais e impedir que pontos dormentes automaticamente acordem no momento em que escutam perguntas consideradas ameaçadoras.

Portanto, no exemplo em que um homem é questionado em relação a suas aventuras românticas (emprego, ou estar ou não namorando), você testemunhará um ou mais pontos dormentes acordarem durante a sua janela de foco. Isso, é claro, se a questão impuser uma ameaça. Entre os vários movimentos possíveis nesse cenário, estão: o descruzar da perna, a mudança na posição de um braço etc. Tais movimentos visam a aliviar o estresse causado pela questão. Lembre-se sempre do estado normal em que a pessoa se encontrava, e que não está em busca de gestos corriqueiros, e, sim, de reações automáticas a perguntas que causam estresse.

Então, a primeira coisa principal que você deve buscar logo após a questão cuja pergunta você sente ser importante é se qualquer um dos pontos dormentes da pessoa acordou durante a sua janela de foco após o reconhecimento da questão.

Você provavelmente está curiosa para descobrir se existem mais dicas sobre o corpo de uma pessoa nas quais deva reparar. Na verdade, existem inúmeras pistas não verbais e psicológicas para as quais você pode atentar. Elas serão descritas em detalhes no Capítulo 8.

Distorção de culpa

As mulheres têm um importante aliado escondido no sistema nervoso autônomo, mas os homens também têm uma arma secreta: a culpa. Não quero soar sexista ou politicamente incorreto, mas homens e mulheres são diferentes – todos sabem disso. Um dos pontos sobre os quais ambos divergem é o grau de culpa que cada um deles sente.

Apesar de haver muitos homens sensíveis por aí, a maioria deles tem uma visão bastante diferente da culpa, se comparados às mulheres. Como pergunta e responde Sally Law, responsável pela coluna "The Science of Sex" do site LiveScience.com: "O quão culpado(a) você se sentiria se traísse seu(sua) parceiro(a)? A resposta tem muito a ver com o tipo de infidelidade – e seu gênero: Os homens se sentem culpados após uma infidelidade sexual, enquanto as mulheres, após uma transgressão emocional".

Muitas mulheres com quem eu conversei sentem culpa até mesmo por *pensarem* em infidelidade, quer estejam comprometidas ou não. As mulheres também sentem culpa se julgaram alguém erroneamente ou fizeram uma falsa acusação. Os homens sabem disso! Um sujeito que está predisposto a enganá-la, ou que tenha sido pego em uma mentira, sabe que você se sentirá culpada em acusá-lo, e *definitivamente* usa isso em seu favor.

Lembre-se: você tem o direito de fazer esse tipo de pergunta e receber uma resposta honesta. Se você sentir culpa toda vez em que questionar seu parceiro, a natureza humana é tão genial que você simplesmente aprenderá um modo de evitá-la, deixando de perguntar; e os homens também sabem disso!

Coloque-se no lugar dele. Se um cara lhe perguntasse se você já traiu alguém, o que você faria? Tentaria manipulá-lo para que ele se sentisse mal ou culpado sobre ter feito a pergunta? Ficaria irada e replicaria: "Como você se atreve?" Não, provavelmente você responderia honestamente, ainda que fosse doloroso e sofresse as consequências, boas ou ruins; tudo o que você está pedindo é que os homens façam o mesmo.

Agora que já falamos sobre a questão da culpa, é hora de seguirmos adiante rumo ao sinal número 2 de comportamento enganoso, em que encontraremos o que é preciso escutar: **distorção de culpa.** Voltando ao exemplo que acabamos de mencionar, há apenas dois tipos de resposta que você poderá receber: "sim" ou "não".

Contudo, essas respostas – afirmativas ou negativas – podem ser colocadas de diferentes maneiras. Darei a vocês dois exemplos comuns do que poderá escutar:

- Indivíduo nº 1: "Não. Por que você pergunta?"
- Indivíduo nº 2: "Você sabe que eu sou um cara legal; você realmente acha que eu faria algo assim?"

Pergunta: qual deles está dizendo a verdade? Você acha que o número 1 está sendo sincero, ou seria o número 2?

A resposta correta se mostrará óbvia depois que eu explicar a regra fundamental, que diz respeito àquilo que denomino "distorção de culpa". O que é isso? Eu a descreveria como uma resposta verbal cuja intenção é "distorcer" a sua pergunta, de modo que você se sinta culpada por tê-la feito.

O sujeito é bastante esperto, não é? Talvez nunca tenha notado, mas você (e milhões de outras mulheres) cai nessas distorções de culpa o tempo todo.

Na verdade, é até provável que você mesma já tenha usado essa tática com outras pessoas, mas nunca a havia rotulado antes. É preciso prestar atenção a esse tipo de distorção após qualquer questão que considere importante. Deixe-me dar mais alguns exemplos de situações nas quais você poderá enfrentar tais distorções e como elas provavelmente soarão.

Talvez você tenha passado o último ano trabalhando duro e sente que já é hora de um aumento. Nesse caso, recomendo que você planeje com antecedência, tenha bons argumentos sobre o porquê de merecer um aumento, e então peça-o diretamente ao seu chefe. Pode soar mais ou menos assim: "Chefe (use o nome correto), eu sei que tenho sido de grande valor para esta companhia e estou comprometida a continuar agindo assim no futuro. Acredito que concordará que eu mereço um aumento. O senhor poderia concedê-lo a mim?"

É claro que você adequará este exemplo à sua situação em particular, para apresentar um motivo forte e embasado que *justifique* o aumento. É claro que espero sinceramente que você receba o que merece, se for o caso. Contudo, é preciso que esteja ciente de que se o seu chefe for um homem, ele usará a tática de distorção de culpa para negar o seu pedido.

Soaria mais ou menos assim: "Eu aprecio o valor que você tem agregado a esta companhia, e eu entendo perfeitamente que mereça um aumento, mas você também sabe o quanto eu estou estressado com os efeitos da economia em queda, e com meu divórcio. Além do mais, estou muito ocupado no momento para pensar nisso".

Uma resposta negativa surge de muitas maneiras diferentes, mas quando está acompanhada de uma "distorção de culpa", é fácil fazer com que nos sintamos culpados e até desistamos da luta por algo que queremos e merecemos. Portanto, caso escute uma resposta similar, recomendo que você peça a ele que seja mais assertivo e lhe ofereça uma resposta clara, mesmo que seja negativa. Afinal, você não preferiria saber que não vai ter um aumento, ao invés de ficar se perguntando quando as "coisas mudarão" para que finalmente consiga um salário melhor?

Consideremos agora o modo como você atualmente reage à distorção de culpa, como essa estratégia a tem afetado até hoje e a maneira como lidará com ela daqui em diante. A partir de minha experiência aconselhando mulheres, descobri que a resposta mais comum que uma mulher dá a distorções de culpa é, justamente, sentir-se culpada por ter feito a pergunta, por ter levantado suspeitas trazendo o assunto à tona. Esse sentimento é normalmente seguido por um pedido de desculpas por ter feito com que o sujeito se sentisse "desconfortável".

A maioria das distorções de culpa ocorre na forma de uma "resposta ausente", como: "Você sabe que eu sou um cara legal; você realmente acha que eu faria algo assim?" Infelizmente, muitas mulheres simplesmente param por aí. Mas uma resposta ausente ainda é uma mentira disfarçada, pois não esclarece a dúvida original. Como você pode combater uma resposta ausente? Tente a seguinte estratégia:

"Eu respeito/concordo/aprecio/entendo o que você está dizendo, mas ainda assim gostaria que você respondesse à minha pergunta". Repita a questão se for necessário.

Apesar de não funcionar sempre, essa resposta o deixará ciente de que você não permitirá que ele vire a mesa e tente fazê-la se sentir culpada por ter feito a pergunta. Isso também demonstrará que, no final das contas, se você não obtiver uma resposta, o relacionamento provavelmente não terá futuro.

Últimas considerações sobre os dois maiores sinais de enganação

É preciso estar ciente de que estamos adentrando em águas inexploradas: já sabemos que os homens enganam, e agora é o momento de pegá-los em flagrante; isso não se dará sem desafios, frustrações e hesitações.

É fundamental lembrar de que você não está sendo julgada aqui; mas ele está. Os "pontos dormentes" e as "distorções de culpa" são relevantes porque no momento em que um homem estiver tentando enganá-la, ambos os sinais servirão para entregá-lo. Mas como poderá ter certeza se não estiver disposta a pressioná-lo, a prestar mais atenção e a estar atenta a esses dois maiores sinais?

Plano de ação para o Capítulo 6

Este plano de ação é relativamente fácil: apanhe dois *Post-its* e escreva "pontos dormentes" no primeiro e "distorções de culpa" no segundo. Todas as noites, antes de dormir, escolha um deles e pendure-o no espelho do seu banheiro. Ao levantar-se pela manhã, saberá exatamente que tipo de sinais deverá procurar durante todo o dia. Pratique observando as diferentes pessoas. Na noite seguinte, escreva os resultados de suas observações em seu diário.

Você pode começar no trabalho observando pessoas que conhece e confia e ver como elas respondem às interações diárias, e então comparar essas reações com as de pessoas que você sabe que podem ser desonestas – ou pelo menos que são conhecidas por distorcerem a verdade. Compare os pontos dormentes para se tornar uma especialista em percebê-los a qualquer momento e lugar.

Distorções de culpa podem ser um pouco mais desafiadoras, pois exigirão mais participação das pessoas que resolver testar, mas garanto que, quanto mais você dominar este conhecimento – e se mantiver atenta –, mais rápido conseguirá identificar os sinais de enganação.

Bônus especial: *Visite o site www.facelessliar.com e tenha acesso a um trecho do novo e-book de Dan Crum,* The faceless liar: is he lying to you on the phone, e-mail, text, or chat?

Preste atenção nas mentiras

Finalmente chegamos ao momento tão esperado! Até aqui você descobriu por que os homens mentem, a razão pela qual algumas mulheres caem na conversa deles e o que fazer quando isso acontecer. Você aprendeu a "cair na real" e a usar sua "janela de foco" para gravar um filme mental de apenas cinco segundos, comparando a verdade e a mentira; você até mesmo aprendeu sobre os dois principais sinais de enganação: "pontos dormentes" e "distorção de culpa".

Chegou a hora da "recompensa", e eu prometi não desapontá-la. Nos próximos dois capítulos, aprenderemos tudo sobre a mentira verbal e não verbal e, especificamente, o que devemos procurar e a que devemos estar atentos para prontamente perceber a mentira. Como prometido desde o início, durante o percurso veremos mais de 101 exemplos de mentira.

Lembre-se, não é suficiente saber que os homens mentem; não é o bastante saber *por que* ou *como* eles o fazem. É preciso colocar a mão na massa e utilizar todas as suas habilidades se quiser de fato apanhar um mentiroso em flagrante e tomar decisões mais conscientes.

Na primeira parte desse bloco, tentarei orientá-la da melhor maneira possível, antes de deixá-la à vontade para detectar a enganação por conta própria. Estamos falando de mentiras verbais e não verbais, ou seja, das palavras e dos sons que uma pessoa emite (verbal) e da maneira como ela usa seu corpo (não verbal). Quando nos referimos à enganação, seja qual for o tipo, estamos procurando por sinais de estresse.

Pam Holloway, coautora de *Axis of Influence** e autora do blogue *How to Read People*,** explica:

> *A detecção da mentira tem a ver com reconhecer as variantes do que é normal para o indivíduo. Mentir é estressante para a maior parte das pessoas, exceto talvez para mestres em manipulação e psicóticos, então a primeira coisa que devemos procurar são sinais de estresse. O estresse pode aparecer na postura, nos movimentos, nas expressões faciais e no discurso.*

É por isso que nós passamos tanto tempo determinando o estado normal de um homem. Agora você está pronta para descobrir o que deve procurar especificamente quando um homem estiver tentando enganá-la.

Os dois tipos de mentira

De acordo com Joe Navarro e John R. Schafer, coautores de um artigo intitulado "Detecting deception",*** publicado no *Law Envorcement Bulletin*,**** do FBI:

> *Mentir requer que o enganador mantenha os fatos coerentes, torne a história crível e resista ao escrutínio. Quando as pessoas dizem a verdade, normalmente se esforçam para que os outros entendam o que elas estão dizendo. Em contrapartida, os mentirosos tendem a manipular as*

* *Sem título em português. Em tradução livre: Eixo da influência. (N.T.)*

** *Em tradução livre: Como ler as pessoas. (N.T.)*

*** *Em tradução livre: Detectando a mentira. (N.T.)*

**** *Em tradução livre: Relatório sobre a aplicação das leis. (N.T.)*

percepções dos outros. Desse modo, esses indivíduos acabam enviando sinais de logro por meio de pistas verbais e não verbais, e de maneira inconsciente.

Esses são, portanto, os dois tipos de mentira: **verbal** e **não verbal**. A mentira verbal se refere ao que os homens dizem, a um comentário que possam fazer, a um resposta, e até mesmo aos sons que fazem em resposta às questões colocadas (sons estes que não compõem palavras, mas são muito importantes e serão examinados posteriormente). Quando as mulheres me perguntam "Será que ele está mentindo para mim?", com frequência querem somente que eu interprete as respostas verbais emitidas pelo sujeito. Mas não é assim tão simples:

Você quer uma avaliação externa de sua relação? Você gostaria que eu ou um de meus alunos analisasse sua situação? Visite meu blogue: www.ishelyingtome.com e conte-nos sua história.

Por exemplo, antes que Ashley participasse daquele evento, recebeu todas as instruções necessárias. Enfatizei que ela deveria não apenas escutar o que os homens lhe dissessem, mas que precisaria também *observar o modo como o fizessem*. Em outras palavras, ela teria de procurar pistas não verbais. Nós nos aprofundaremos neste assunto no Capítulo 8, mas por hora gostaria de me concentrar no que os homens dizem, por que eles dizem e, acima de tudo, o que querem realmente dizer.

Por exemplo, você sabia que ao repetir a sua pergunta – "O que você quer dizer com 'Você já teve uma noite de sexo casual?'" – um homem está praticando uma das formas mais comuns de enganação verbal: *táticas de retardo*. E se o seu companheiro repentinamente adotar um "tom religioso" quando você lhe fizer uma pergunta? "Eu juro por Deus" ou "Trair é contra a minha religião" são dois indicadores de que ele está envolvido em outra forma de enganação verbal: uso da religião.

Sempre busque pelo estado de normalidade

Antes que mergulhemos nos dois tipos de enganação verbal, gostaria de relembrá-la quanto ao processo: não se deve simplesmente colocar o indivíduo contra a parede fazendo perguntas desconcertantes. Qual o primeiro passo? Comece com alguns comentários gerais, algumas perguntas sobre futebol, e estabeleça um diálogo leve e genérico que lhe permita relaxar. O objetivo é definir seu estado de normalidade.

Eu adoraria se nunca mais ninguém mentisse para você; ficaria feliz se toda vez em que você topasse com uma possível enganação, fosse apenas um alarme falso! Infelizmente, jamais saberá até que empregue essas táticas, mas você precisa utilizá-las de maneira lógica, realística e na ordem em que elas lhe forem passadas.

AVISO: Sim, na verdade, pode ser você.

Eu seria a última pessoa a lhe dizer que se um homem mente a culpa é sua, mas muitas vezes é possível observar um comportamento mentiroso até mesmo quando um sujeito está falando a verdade. Como algo assim poderia acontecer? Fácil: aborreça-o por tempo suficiente e ele começará a dar sinais de enganação verbal, sendo dramático ou entrando na defensiva, e, até mesmo, ficando ofegante.

Não dá para encurralar um homem usando táticas de interrogatório e esperar por resultados legítimos. É por isso que existe um processo simples dividido em cinco etapas em que você:

- permite que ele relaxe;

- determina seu estado de normalidade;
- "cai na real";
- faz as perguntas que precisa fazer;
- cala e escuta!

Por mais indelicado que pareça, gostaria de me ater a esse último ponto. É definitivamente necessário que você *dê* um passo atrás e escute a resposta de seu companheiro, caso queira interpretá-la adequadamente. Se você encurralá-lo, repetir a mesma pergunta várias vezes, aborrecê-lo, atazaná-lo ou intimidá-lo, ele demonstrará um comportamento aparentemente enganador – como qualquer sujeito –, mesmo que seja completamente honesto.

Então lembre-se, nada de atazanar. Faça a pergunta, deixe-o respondê-la e observe.

14 tipos de enganação verbal

Aqui estão reunidas 14 formas comuns de enganação verbal, e, para a sua conveniência, estão também incluídos inúmeros exemplos específicos (ou "frases") que indicam cada tipo de enganação.

Tipo 1: a resposta ausente

Quando farejamos uma mentira, praticamente nada é tão frustrante quanto este primeiro tipo de mentira verbal: a **resposta ausente**. Essa resposta interrompe a conversa ao simplesmente evitar a própria pergunta. Não se trata apenas de uma tática de retardo, é muito mais um encerramento verbal; você simplesmente não obterá uma resposta.

Homens com prática nesse tipo de enganação verbal deixam tantas frases no ar que, no momento em que você se dá conta de que não recebeu uma resposta para o que havia perguntado, já nem se lembra mais qual havia sido a pergunta. Você notará a resposta ausente em muitas situações de enganação verbal. Aqui estão alguns exemplos do que poderá escutar:

- "Esta é uma boa questão."
- "Eu estou tão feliz que você tenha perguntado isso."
- "Antes de responder, você gostaria de pedir mais alguma coisa?"
- "Você está me perguntando se...?"
- Espera só um instante. Onde foi parar aquela garçonete?"
- "Quem, eu?"

Uma tática inteligente para evitar respostas ausentes é expor suas questões de maneira clara e concisa, pois, desse modo, quaisquer tentativas no sentido de enganá-la cairão por terra.

Por último, não tenha medo de confrontá-lo em relação à resposta ausente. Se ele continuar evitando a pergunta ou fazendo rodeios, seja apenas clara e diga "Eu gostaria de uma resposta" ou "Você não respondeu à minha pergunta". Se ele novamente tentar protelar ou pedir que você repita a questão, faça-o!

Tipo 2: desculpas

Oferecer **desculpas** é a especialidade do homem mentiroso, e faz parte de sua rotina, se preferir. No fim das contas, o mentiroso se torna tão habituado a dar desculpas que elas se tornam sua segunda natureza. Evidentemente, quanto mais desculpas um homem lhe oferecer, mais ele encobre o que não quer dizer, evita com sucesso o problema e, essencialmente, não responde à sua questão.

Quando penso em desculpas, me recordo do clássico caso de violência infantil em que o acusado, ao ser questionado se já havia batido em seu filho, responde: "Sabe, na minha casa a minha mulher era quem disciplinava as crianças. Quero dizer, eu trabalhava em dois ou três empregos para manter a minha família; eu não teria nem tempo de machucar quem quer que fosse".

Esta resposta está recheada de desculpas. Em primeiro lugar, ele em momento algum responde à pergunta com um "sim" ou "não". Depois, ele tenta jogar a culpa em sua mulher – era *ela* quem disciplinava, não ele; então, se algo de errado aconteceu, basta ligar os pontos. E finalmente quando diz "Eu *não* machucaria quem quer que fosse", justifica isso dizendo que estava trabalhando demais para ter tempo de bater em alguém.

Desculpas, desculpas, desculpas.

Bem, é claro que este é um caso extremo, mas deixa claro aonde quero chegar. Para nossos propósitos, se você pergunta a um homem por que, quando liga para o escritório onde ele supostamente trabalha, ninguém sabe quem ele é, ele pode dizer algo mais ou menos assim: "Aquela molecada mal consegue se lembrar do nome de seus próprios pais. E que número você está ligando? Eu lhe dei a minha linha direta e pedi que ligasse para lá; você nunca deve ligar para o número principal; são todos um bando de imbecis".

Novamente, a culpa é da telefonista da empresa, é sua por ter ligado no número errado, dos recepcionistas que são idiotas etc.

Desculpas, desculpas, desculpas. Nunca uma negação direta, já que desse modo estaria confirmando a mentira.

Desculpas são o cesto de bugigangas da enganação verbal; existem em quase todas as categorias, mas dei a elas uma categoria própria porque são tremendamente comuns. E quanto mais você estiver atenta e sair em seu encalço, mais fácil será de reconhecê-las. Aqui vão mais alguns exemplos:

- "Jamais faria isso, eu a amo."
- "Estou comprometido com você, eu não preciso procurar por aí."
- "Não sou um ladrão; eu nem sequer preciso de dinheiro."
- "Sou um médico! Eu cuido das pessoas, e não as machuco."

- "Eu te amo, jamais a ameaçaria."
- "Você é tudo o que preciso. Por que eu faria isso?"

Tipo 3: retardos

Mentir dá trabalho. Qualquer um que imagine que equilibrar duas ou mais namoradas, encarar várias noites de sexo casual ou se apresentar para empregos com currículos adulterados é fácil, obviamente, nunca fez isso antes. Homens que mentem não estão nisso para tornarem suas vidas ainda mais difíceis; na verdade eles o fazem para que suas vidas sejam mais fáceis. Ou seja, quanto menos mentiras eles contam, menos mentiras terão de gerenciar. Portanto, muitos homens que mentem tornam-se especialistas na arte de mentir *sem* mentir.

Um modo de lograr, sem ativamente contar uma mentira, é fazer uso de algum tipo de enganação verbal: **retardos**. Estes são essencialmente uma forma que o homem encontra para ganhar algum tempo-extra durante o qual possa inventar uma mentira melhor ou uma história mais elegante, ou para encobrir o assunto, confundi-la ou racionalizar a questão, tudo de uma só vez. Afinal, quanto menos perguntas o sujeito tiver de responder, menos mentiras terá de contar.

Aqui vão algumas maneiras simples de se usar o retardo quando se tenta enganar um mullher:

- **Repetindo ou parafraseando sua pergunta.** Uma das maneiras mais simples de adiar a resposta para uma questão é simplesmente repeti-la. Muitas vezes eles irão parafrasear a pergunta, mas em outras irão simplesmente repeti-la, literalmente, palavra por palavra. Talvez eles façam isso com um tom de ironia, e pode até ser que soem defensivos:
  - » "Se eu já tive uma noite de sexo casual?"

» "Você está me perguntando se eu já traí alguém com quem estava comprometido?"
» "Quer saber se eu perdi meu emprego?"
» "Você perguntou se eu moro com meus pais?"

- **Alegando ignorância (ou surdez).** Outra maneira pela qual um homem pode atrasar a sua resposta é alegando ignorância – ou surdez. Ele pode levar a mão à sua orelha e pedir que você repita a questão, ou ainda não dizer nada e simplesmente apontar para a própria orelha e então para algo barulhento, como a banda que está tocando ao vivo no salão ou então uma mesa barulhenta próximo à porta. Aqui vão algumas coisas que um homem poderá dizer quando estiver usando esse tipo de retardo:
  » "Você poderia repetir a pergunta?"
  » "O quê?"
  » "Está muito barulhento aqui. Você pode repetir?"
  » "Hein, o que disse?"
  » "Eu não sei se entendi muito bem. Podemos ir para um lugar mais calmo para conversarmos com mais privacidade?"

- **Esquivando-se e pedindo mais tempo.** Ao invés de responder à sua pergunta, o homem tenta ganhar tempo para si mesmo, fazendo exigências às vezes ultrajantes, ou reclamando que precisa pensar a respeito. Ele dirá algo assim:
  » "Eu não sei se deveríamos falar sobre isso aqui."
  » "Uau, podemos falar sobre isso após o jantar?"
  » "Bem, não é fácil responder a esta questão."
  » "Eu preciso de um tempinho para pensar sobre isso."

- **Racionalizando.** A racionalização é um dos retardos mais eficazes. Afinal, ele sabe que não é fácil para você levantar esse tipo de questão, sabe também que você já se sente culpada por estar fazendo isso e que a resposta significa bastante para você. Está consciente de que, por meio de uma cortina de fumaça, está apto a racionalizar de um modo totalmente filosófico. Esta tática poderá soar assim:
  - » "Bem, isso depende de como você olha para o assunto."
  - » "Algumas pessoas poderiam dizer que sim."
  - » "Em algumas culturas, isso não é considerado um tabu."
  - » "Onde eu cresci, esse tipo de coisa não era importante."

- **Buscando especificidade.** Se um homem puder convencê-la de que o que você pede não é razoável, não está claro ou não tem um objetivo cristalino, conseguirá não somente deixar de ser o foco de sua pergunta, voltando-o em sua direção, como também confundi-la, intimidá-la ou frustrá-la. Ele tentará fazer com que você deixe de perseguir essa linha de questionamento em particular. Frequentemente pedirá que você seja mais específica, quando na verdade ele está meramente tentando se desviar da questão. Veja como a busca por especificidade funciona:
  - » "O que você quer dizer?"
  - » "Você poderia ser mais específica?"
  - » "É isso que você está me perguntando?"

Lembre-se sempre do estado de normalidade, pois o padrão de conversação de alguns homens já inclui naturalmente algumas técnicas de retardo. Todos nós conhecemos pessoas assim. Tenho um amigo que repete praticamente toda questão antes de respondê-la, quase como se fosse um tipo de gagueira.

Não é que ele esteja mentindo, mas apenas se acostumou a usar o seu discurso padrão como zona de conforto: "Quando foi a última vez em que eu tirei férias? Deus, eu acho que deve ter sido..." ou "Vamos ver, quando foi a última vez em que eu troquei o óleo? Uau, eu acho que..." É, portanto, fundamental determinar se as respostas são *realmente* técnicas de retardo ou apenas parte do seu padrão de conversação.

Tipo 4: distorções de culpa

Já mencionamos este tópico em um capítulo anterior, mas gostaria de retomá-las, pois são um modo vingativo e eficiente de inverter a situação, livrando o enganador de quaisquer sentimentos de culpa ou desconforto e, ao mesmo tempo, jogando-os de volta à pessoa que o questionou.

Lembre-se de que ele não está sendo julgado neste momento – muito menos você! Estes 14 sinais verbais de enganação fornecerão amplas ferramentas para determinar a enganação, mas serão completamente inúteis se você continuar permitindo que os homens a façam se sentir culpada apenas por ter feito uma pergunta e/ou buscado a verdade.

As afirmações, questões e acusações diretas listadas a seguir são sinais claros de distorções de culpa e devem ser tratadas como tal. Necessitam ser vistas como sinais de enganação em potencial e sua reação precisa ser apropriada. Não tenha medo de contra-atacar!

Se o objetivo de um homem for o de entrar em sua vida e se tornar íntimo, você *tem* o direito de lhe fazer perguntas pessoais e de satisfazer a sua curiosidade. Cabe a ele *ganhar sua confiança* se quiser conhecê-la melhor; esses são, na verdade, os direitos básicos que você tem enquanto ser humano.

Preste atenção às seguintes distorções de culpa e responda a elas adequadamente:

- "Isso não é da sua conta."
- "O que você vai fazer a seguir? Utilizar um polígrafo?"

- "O que deu em você?"
- "Isso me magoou."
- "Achei que você confiasse em mim!"
- "Como você pôde pensar que eu fosse capaz de fazer isso?"
- "O que aconteceu com a confiança que existia entre nós?"
- "Você sabe que eu jamais mentiria para você."
- "Eles provavelmente estavam querendo me causar problemas e você acreditou neles."
- "Eu não acredito que eles inventam histórias desse tipo e você ainda acredita neles."
- "De que lado você está?"
- "Achei que as coisas estivessem bem entre nós!"
- "Nosso relacionamento parecia estar progredindo."
- "Você está confusa."
- "Você está enganada."
- "Você está tentando arruinar a nossa relação?"
- "Por que eu mentiria para você?"

Tipo 5: virada de mesa

Chegamos a um dos meus tipos favoritos de enganação verbal: a **virada de mesa**. O nome define perfeitamente a situação: o homem enganador está tentando inverter o jogo. De certo modo, este procedimento dá à distorção de culpa um toque especial, pois é usado de modo inescrupuloso para levemente inverter a situação tornando tudo pessoal.

A virada de mesa é uma estratégia para tirar o foco da discussão de cima dele e jogá-lo de volta sobre quem fez a pergunta. Isso funcionará como um pingue-pongue verbal, ou ainda um jogo de pega-pega. Dessa maneira, eles (a) não precisam responder à pergunta, (b) não ficam em maus lençóis por não o terem feito, (c) deixam de levar a culpa por algo que tenham feito (d) e devolvem a pergunta a você.

Tais viradas utilizam-se de diversos disfarces. Todos foram aqui incluídos para que você consiga percebê-los em seu dia a dia.

- **A acusação.** Com este tipo de "virada" ele simplesmente *acusa você de o estar acusando*. Como você irá perceber já pelo tom aplicado, trata-se de um ataque vagamente pessoal, do tipo: "Como você se atreve?" Mas esteja ciente de que, ao virar a mesa e acusá-la, ele na verdade só está tentando desviar o foco de si mesmo. Quando tenta fazê-lo, suas respostas soam assim:
  - » "Você está dizendo que acha que eu sou o responsável por isso?"
  - » "Por que você acha que eu agi assim?"
  - » "Por que você quer saber?"
  - » "Você quer que eu confesse algo que não fiz?"
  - » "Você quer que eu minta e diga que fiz?"

- **A racionalização.** Ao utilizar o método da racionalização, o enganador está simplesmente tentando fazer com que você pareça a malvada. Agindo assim, ele está claramente tentando se eximir da culpa e se livrar de assumir a verdade:
  - » "Eu sou uma pessoa sensata."
  - » "Pense sobre isso de maneira sensata por um minuto."
  - » "Isso não faz o menor sentido."
  - » "Eu jamais faria uma coisa dessas."

- **A defensiva.** O homem defensivo é, com frequência, um mentiroso; a reação defensiva é automática quando alguém é confrontado com a verdade. Esse tipo de homem evita admitir os fatos quando sabe que está errado. Então, ao defender-se vigorosamente, ele não apenas pode tentar inverter as coisas *em sua direção*, mas também tentar *provar sua inocência*:

» "Se eu fiz isso, prove."
» "Eu já respondi a esta questão."
» "Eu não tenho de responder a isso."
» "Eu me recuso a responder algo tão absurdo."

- **A falta de conhecimento.** "O quê? Quem, eu? De onde você tirou essa ideia?" O homem que está perdido não pode ser um enganador, certo? Errado! Mostrar-se desconhecedor a respeito de algo é apenas mais um tipo de atitude tipicamente enganosa. Ao fazer perguntas e agir como se não tivesse a menor ideia sobre o que está sendo dito, o enganador pode virar os holofotes de volta para seus olhos e eficientemente cegá-la. Aqui vão algumas maneiras por meio das quais ele pode fazer isso:

  » "Seria impossível que eu soubesse alguma coisa a esse respeito."
  » "Você está sugerindo que eu saiba algo sobre isso?"
  » "Como eu poderia ter alguma informação desse tipo?"
  » "De onde você tirou uma ideia dessas?"

- **O filósofo.** Este é o tipo de sujeito que esfrega as mãos uma na outra, enquanto olha para o espaço com os olhos bem abertos e levanta todo tipo de questões profundas e inquisitivas, sempre, é claro, com a intenção de desviar a atenção para você:

  » "E se eu dissesse que sim?"
  » "Qual seria a sua reação se alguém, teoricamente, fizesse algo desse tipo?"
  » "Se eu lhe contasse uma história sobre um amigo meu que fez justamente isso, o que você diria?"

- **O negociador.** Negociação é uma forma distinta de virar a mesa. Essa técnica permite que o mentiroso conserve o respeito que você tem por ele, enquanto, ao mesmo tempo, salva a própria pele. Na verdade, esse tipo de sujeito *adora* negociar; para ele isso é um jogo de poder no qual se considera vencedor. Mesmo quando alguma mulher se recusa a morder a isca e essencialmente ganha a negociação ao conseguir perceber o engodo, recusando-se a participar de um segundo encontro, ele ainda se acha vencedor porque sempre haverá alguém um pouco menos informada que cairá em sua conversa na próxima vez. A negociação pode soar assim:
  - » "Eu não acho que valha a pena falar sobre isso."
  - » "Podemos falar sobre isso depois?"
  - » "Eu gostaria de conhecê-la um pouco melhor antes de responder a algo assim."
  - » "E se eu dissesse não?"

- **A paranoia.** Quando um homem repentinamente fica paranoico porque você levantou uma questão particularmente difícil, esteja alerta – especialmente se ele parecia estar relaxado até que você lhe fizesse a pergunta. Mas esse tipo de paranoia é somente mais um sinal de que ele está tentando virar o jogo – tentando tirar o foco de si mesmo e jogá-lo em cima de você:
  - » "Por que eu faria isso?
  - » "De onde você tirou essa ideia?"
  - » "Onde você escutou isso?"

- **O derrotista.** "Pobre de mim", costuma proclamar o derrotista, esperando que você sinta pena dele e pare de lhe bombardear com tantas perguntas. Aqui vão as respostas que um derrotista pode dar:

» "Eu sabia que isso iria acontecer."
» "Sabia que você pensaria que eu sou o responsável por isso."
» "Por que exatamente você quer saber?"
» "O que eu perderia que já não perdi?"

- **O absolutista.** Não há meio-termo para o absolutista: as coisas estão certas ou erradas, são boas ou más; o dia está ensolarado ou chuvoso. Aqui está a verdade por trás do mundo "preto no branco" em que ele vive:
  » "Nego isso com veemência!"
  » "Eu jamais minto."
  » "Eu não consigo dizer uma mentira."
  » "Sou a pessoa mais honesta que você jamais encontrará."

Tipo 6: ignorância

Acho sempre fascinante quando um homem age como se fosse a pessoa mais inteligente do mundo em um minuto, e, de repente, passa simplesmente a não entender nossa língua, geralmente quando confrontado com uma mera questão, do tipo: "Você já teve uma aventura romântica?" Em uma reviravolta incrível, o eloquente indivíduo que discursava sobre todos os assuntos, de esportes a política, de filmes a economia, torna-se incapaz de compreender uma simples questão.

Quando um homem alega que não compreendeu a pergunta, normalmente isso significa que ele não deseja respondê-la. Ele faz isso na tentativa de obscurecer a situação. É um tipo de "retardo" mesclado a um pouco de "resposta ausente".

Quando um homem diz que não conseguiu entender sua pergunta, as coisas ficam mais ou menos assim:

- "Eu fiz o quê?"

- "O que exatamente você está perguntando?"
- "Acho que não entendi o que deseja saber de mim."

Claro, como já foi previamente estabelecido, a melhor maneira para evitar esse tipo de enganação verbal é tirar-lhe esta opção. Fale com clareza, use frases curtas e faça a sua pergunta de maneira concisa; isso o impede de utilizar subterfúgios, como "hein?", "o quê?" ou "eu não entendi a pergunta".

E se ele de repente coçar a cabeça e realmente tiver dificuldade em escutar a sua pergunta difícil, repita-a. Repita-a até que ele a responda. O melhor modo de evitar suas desculpas é, em primeiro lugar, dando-lhe poucas opções.

Tipo 7: amnésia

A **amnésia** é a grande "desculpa" que os homens utilizam quando se veem pressionados por um determinado assunto. Isso é o oposto de ser detalhista; de repente, o homem não consegue se lembrar de coisa alguma. A beleza deste sétimo tipo de enganação verbal é que ela é seletiva; ele não consegue se lembrar de coisa alguma em relação às difíceis questões que acabaram de ser feitas; contudo, enquanto falavam sobre política, futebol e cinema ele se lembrava de tudo, nos mínimos detalhes.

Essa tática é desenhada para fazer com que ele pareça bem-informado e prestativo. Em outras palavras, ele não está dizendo que não consegue se lembrar de *tudo*. Na verdade, ele se encarrega de pontuar que se lembra da *maioria* das coisas; contudo, no que tange esta questão em particular (a difícil), a sua memória está falhando – ele tem amnésia.

Há inúmeras variações sobre o tema amnésia:

- "Não, pelo menos que eu consiga me lembrar."
- "Eu não me recordo disso."

- "Deixe-me pensar."
- "Pelo que sei."
- "Eu teria de olhar minha agenda e, infelizmente, ela não está aqui comigo."
- "Isso aconteceu há tanto tempo."
- "Você não espera que eu me recorde de tudo o que já fiz."

Tipo 8: justificativas

De muitas maneiras, homens que tentam lograr não são muito diferentes de crianças que tentam conseguir o que querem. Como você e eu provavelmente podemos nos lembrar, quando éramos jovens e queríamos ficar em casa e não ir para a escola, faltar a um treino de futebol ou dar um jeito de não ir àquele encontro social da turma da igreja, rapidamente começávamos a oferecer **justificativas** convenientes, na esperança de escapar dos compromissos. Podemos arriscar coisas do tipo:

- "Estou com dor de barriga, mamãe."
- "O campo é muito escorregadio, posso me machucar."
- "Tenho medo daquele homem, papai."

O que funcionou uma vez, geralmente, funciona novamente; contanto que saibamos como não utilizá-las em demasia. Se mantivermos um bom banco de justificativas, desculpas e racionalizações, conseguiremos escapar de situações complicadas e de atividades nas quais não desejamos nos envolver.

Homens mentirosos são bastante parecidos, exceto que, se enfrentam situações complicadas todas as vezes em que são pressionados pela busca de informações sinceras, eles simplesmente não sabem como *não* exagerar na utilização de justificativas. Então, fique atenta quando um homem convenientemente começar a reclamar sobre a temperatura do ambiente, a banda barulhenta, o péssimo serviço, e assim por diante, logo após você ter feito uma pergunta difícil e que o tenha pressionado. Aqui vão alguns tipos específicos de reclamações que você poderá escutar:

- "Está muito quente/frio aqui; eu realmente estou me sentindo desconfortável."
- "Não estou me sentindo muito bem. Acho que estou ficando gripado."
- "Estou realmente cansado – podemos deixar isso para outro dia?"
- "Minha cabeça está estourando."

O mais engraçado sobre esta técnica é o fato de o sujeito começar a reclamar exatamente no instante em que você apresentar suas armas. Preste atenção e verá exatamente o que quero dizer. O sujeito estará bem e perfeitamente confortável a noite toda, pelo menos enquanto você continuar falando sobre futebol e outras questões leves e de seu interesse.

Mas no *instante* em que você colocar o dedo na ferida e perguntar algo sério sobre lealdade, fidelidade ou desemprego, as reclamações repentinamente começarão a surgir, como bolhas em uma lata de refrigerante que acaba de ser aberta: "Está tão quente aqui, eu não consigo respirar. Estou com sede, você poderia pegar um pouco de água para mim? Podemos ir para algum lugar mais tranquilo? Não consigo sequer escutar meus próprios pensamentos neste lugar!"

Lembre-se do seu estado de normalidade. Se ele for realmente um chorão, será sempre um chorão; não somente quando for pressionado. Mas se ele for um sujeito totalmente tranquilo e fácil de se lidar até ser pressionado, definitivamente este é um sinal de alerta.

Tipo 9: religião

Você já reparou que alguns caras de repente "encontram Deus" no momento em que alguém os coloca contra a parede? Usar a **religião** para despistar alguém é típico do homem mentiroso.

- "Eu juro por Deus."
- "Eu sou uma pessoa religiosa, jamais faria isso."
- "Isso é contra a minha religião."
- "Minha fé jamais permitiria algo assim."
- "Na minha religião..."

Se você reparar bem, esse é outro tipo de "resposta ausente"; eles nunca fornecem um "sim" ou "não", somente aparentam inocência mencionando sua afiliação religiosa, ou invocando Deus como testemunha. Esteja prevenida contra homens que repentinamente "encontram Deus" quando são pressionados, especialmente quando, até aquele momento, jamais haviam mencionado qualquer coisa que indicasse vínculos religiosos.

Tipo 10: detalhes

Homens sinceros querem lhe falar a verdade e responder a suas perguntas, mas não necessariamente lhe contar toda a história por trás da verdade. Homens mentirosos, contudo, não querem falar a verdade. Então, ao invés de responder a suas perguntas, eles preferem explicar toda a história. Em outras palavras, na ausência da verdade eles recheiam a resposta com inúmeros **detalhes**, indo além do que seria preciso para responder de modo simples.

Paul Francois e Enrique Garcia, diretores da Third Degree Communications, Inc., explicam por que alguns homens fornecem detalhes em demasia:

Oferecer mais informação do que a questão requer permite ao culpado falar amplamente sobre aquilo que deseja e, desse modo, evitar o assunto em questão.

Mas isso é mais do que simplesmente outra técnica de retardo. Ao oferecer detalhes em demasia, o homem não espera apenas que você se esqueça da questão principal devido ao zigue-zague, mas essencialmente tenta providenciar um álibi tão inquestionável, para que a situação seja resolvida inteiramente ao seu contento.

Os homens enganosos aprenderam (muitas vezes da maneira mais difícil) que as mulheres prestam atenção aos detalhes, então eles fornecem o máximo de minúcias possível. Obviamente, essa tática funciona muito bem com mulheres que não estejam à procura de evidências de enganação. Portanto, uma vez que eles conseguiram escapar no passado, esperam poder repetir o feito no futuro. Não mais, pois agora você já conhece os sinais.

Quando um homem fornece detalhes em demasia, as coisas podem soar assim:

- "Sabe, eu estava jogando boliche com Jake, Thomas e John, e, havia marcado 126 pontos na primeira partida, então resolvemos ficar até mais tarde. Nós acabamos tomando três rodadas de Coors Light,* até porque eles estavam com uma promoção 'compre uma e ganhe a outra de graça'..."
- "O que você quer dizer com 'onde eu estava'? Eu te liguei 17 vezes, começando às 16h36 e terminando às 18h14. O seu telefone devia estar desligado..."
- "Eu tive de trabalhar até tarde. Ficamos os quatro no escritório, eu, a Susie, o Hal e o Sam. Você pode perguntar a qualquer um deles até que horas eu trabalhei..."

* *Marca de cerveja da Coors Brewing Company, empresa norte-americana. (N.E.)*

- "No último dia 23 eu fui jantar no Cirros. Cheguei lá por volta das 20h..."

Novamente, todos conhecem pessoas que adoram escutar o som da própria voz, então o fato de serem amplamente detalhistas é apenas uma maneira de aumentar o tamanho do discurso. Todos têm amigos desse tipo que, quando questionados sobre o jantar da noite anterior, não dizem simplesmente "No Chill", mas contam uma longa história, como: "Bem, nós íamos comer em casa, mas então olhei para Martha e ela disse 'Querido, vamos sair'. Nós dirigimos até Lancaster; estávamos pensando em ir até aquele pequeno restaurante japonês que acabou de abrir próximo ao supermercado Best Buy, mas na verdade eu não estava tão a fim, porque havia comido sushi com um cliente durante o almoço..."

Bem, tudo isso pode ser verdade, mas nós realmente precisamos escutar essa história? O importante é estar ciente do estado normal de um indivíduo para saber que tipo de pessoa ele é. Afinal, ele pode ser realmente um amante dos detalhes e você não poderá chamá-lo de enganador. Entretanto, se todas as respostas costumam ser curtas e assertivas, mas diante de uma situação estressante, ao ser questionado sobre infidelidade ou desemprego, ele se torna o Sr. Minúcias, é porque algo está errado. Um sinal de alerta surge neste instante.

Tipo 11: elogios

Os homens não precisam esperar por uma questão mais complicada e estressante para começar a enganá-la. O indivíduo que elogia em exagero, por exemplo, é uma pessoa que está acostumada a abusos verbais, alguém que começa a **elogiar** cedo e normalmente nunca desiste.

Essa tática já funcionou no passado e ele sabe que se falar sobre o novo corte de cabelo, a nova bolsa ou o novo emprego de uma mulher, há poucas chances de que ele seja incomodado por questões difíceis.

Não é errado que um homem a elogie. Principalmente em um primeiro encontro ou durante uma festa. Ele fica nervoso, pois já lhe foi dito que a melhor maneira de deixar a situação confortável é usando um elogio simples e inofensivo.

Contudo, não é disso que se trata esta situação. Estamos nos referindo a uma avalanche de gentilezas, a uma torrente de elogios. Não é o caso de um ou dois adjetivos favoráveis que você certamente esperaria ouvir de alguém que está simplesmente tentando quebrar o gelo ou causar uma boa impressão. Esta é uma ladainha elogiosa, delineada para mantê-la distante da verdade.

Como já disse, alguns homens irão elogiá-la porque estão dando em cima de você. Mas fique atenta se o charme só aparecer quando você lhe fizer uma pergunta que gere estresse; esse tipo de comportamento não combina situações de estresse. Enfim, caso ele esteja sendo lisonjeiro durante a noite inteira, sem parar, já é esperado que ele o faça, mesmo após uma questão difícil de ser abordada.

Mas, caso ele tenha sido lisonjeiro na medida certa durante a noite toda e repentinamente leva isso ao extremo após ser questionado sobre a possibilidade de já ter se envolvido em alguma aventura romântica, então é hora de se precaver.

Apenas pergunte a si mesma: "Isso é apropriado?" Se você acabou de lhe fazer uma pergunta importante e ele de repente respondeu: "Eu já te falei como seus olhos são bonitos?" – aha!, alerta máximo! A reação dele não está adequada à seriedade da questão nem ao peso que a resposta deveria ter.

O homem excessivamente galante está geralmente escondendo algo, ou pelo menos esperando que não seja colocado em uma posição na qual tenha de admitir algum ato. Como resultado, ele continua exagerando nos elogios, pois cada um deles funciona como uma barreira entre ele e a verdade. Aqui vão algumas das afirmações mais comuns que você pode escutar ao ser elogiada em demasia:

- "Você cortou os cabelos? Eu adorei a maneria como esse estilo destacou os seus olhos..."
- "Você estava de férias? Esse bronzeado realmente destaca o verde de seus olhos..."
- "Essa bolsa é nova? Parece caríssima..."

Tipo 12: sons

Os **sons** são importantes para o homem enganador. Eles servem para preencher espaços vazios e aliviar o vácuo entre mentiras diretas, falsidades e manipulações verbais. Nunca se esqueça, porém, de que o homem nem sempre mente com o intuito de machucá-la ou puni-la. Pode ser que ele esteja apenas tentanto assumir uma posição superior e evitar a culpa, questões complicadas ou, até mesmo, e com bastante frequência, exercer poder sobre você.

Homens mentirosos raramente sabem dizer quando já é o bastante. Se um retardo funciona bem, dois funcionarão ainda melhor; se uma mentira deu certo, duas serão perfeitas. Assim, os sons são a argamassa que eles usam para preencher os tijolos de suas mentiras e enganações.

Sons têm significado, particularmente quando se trata de detectar a enganação. Com frequência os homens usam-nos intencionalmente e em vantagem própria. A risadinha que segue cada elogio, o tom masculino usado com a garçonete e programado para impressioná-la e até mesmo o suspiro de uma frase feito para atiçá-la – esses sons, tons, cadências, são todos emitidos com a intenção de obter um efeito.

Os sons podem também ser não intencionais, e isso também ocorre com frequência. Graças ao nosso sistema nervoso autônomo eles são também bastante incontroláveis. Falamos anteriormente sobre palavras que não combinam com a expressão facial do interlocutor (como franzir a testa quando diz que ficou feliz com a sua promoção), ou movimentos que não corroboram suas afirmações (uma negativa com a cabeça quando ele diz 'sim'). Do mesmo modo, sons podem revelar os verdadeiros sentimentos de um homem, caso você consiga escutá-los atentamente.

Antes que você julgue um som como sendo enganoso, preste atenção nos hábitos de seu interlocutor. Ele é uma pessoa que normalmente tosse, cantarola ou assobia? Ele tem fungado durante toda a noite? O som que ele está fazendo é apropriado para a situação? Por exemplo, se você está perguntando sobre os pagamentos de pensão alimentícia ou sobre o seu emprego e ele está cantarolando como se não tivesse nenhuma preocupação no mundo, isso é estranho.

Similarmente, considere o timing do barulho que ele está fazendo. Se ele ainda não havia tossido, limpado a garganta ou fungado durante a noite inteira e quando você o pressiona com algo potencialmente estressante ele começa a assoar o nariz, bem, talvez seja o momento de entrar em estado de alerta. Aqui vão alguns dos sons mais comuns que você poderá escutar de um homem mentiroso, assim como o significado:

- **Limpar a garganta.** Homens mentirosos usam sons para camuflar suas respostas. Por exemplo, para conseguir ganhar algum tempo antes de responder à sua questão de maneira insincera ou simplesmente evitá-la, entre as respostas (em alguns casos até mesmo no lugar delas), um homem poderá limpar a garganta continuamente, chegando ao ponto de pedir um copo de água para a garçonete e não responder até que ela o tenha trazido. Quando isso ocorre ele espera, é claro, que você depois de tudo já tenha se esquecido da pergunta original.

- **Tossir.** A tosse é outra ferramenta útil para o homem mentiroso. Similarmente ao processo de limpar a garganta, pode ser usada para ganhar tempo antes de fornecer-lhe uma "resposta ausente".

- **Bufar.** Um suspiro pode significar muitas coisas, mas, para o homem mentiroso, normalmente tem um significado claro e negativo. Por exemplo, se você pedir a um homem sincero que faça o seu carro pegar no tranco após um encontro, ele poderá assumir o volante imediatamente e aproveitar a oportunidade para impressioná-la, ou dizer que não entende de carros. Seja como for, você saberá a verdade. Um homem mentiroso, por outro lado, demonstrará alegria ao dizer sim, mas então bufará ininterruptamente até o momento de realizar a ação, ou até que você perceba que ele realmente não está a fim de ajudar.

- **Fungar.** Pode indicar alguns sinais verbais de enganação. Pode ser uma resposta habitual a uma situação estressante, similar ao rápido piscar dos olhos, a corar, à sudorese, ou até mesmo ao balançar dos pés. Também pode indicar desinteresse, mesmo que o homem pareça interessado.

- **Zunir/assobiar.** Um homem que assobia ou cantarola com frequência sabe que esses tipos de sons deixam as mulheres à vontade. Pode parecer alegre ou falsamente esperançoso, quando todas as demais evidências mostram que ele está estressado, ansioso e aborrecido.

- **Mudança no tom de voz.** Quando a voz de um homem muda no meio da sentença, isso é um sinal claro de que ele está diante de uma resposta complicada. Em situações assim, as cordas vocais podem se comprimir e afetar os sons e o próprio discurso, alertando-a para o fato de que algo que você disse, fez ou, mais provavelmente, perguntou gerou estresse no ouvinte. Normalmente, duas coisas acontecem quando a voz do homem se altera:

» o tom fica mais alto;
» soa diferente.

- **Sons incompreensíveis/murmúrios.** Alguns homens murmuram quando estão sendo capciosos, tanto para encobrir uma resposta anterior quanto para anuviar o assunto como um todo. Isto deverá servir para que você simplesmente pergunte "o quê?" e dê a eles uma nova oportunidade para responder.

Tipo 13: qualificadores

Qualificadores, ou respostas qualificadas. Trata-se apenas de uma variação das "respostas ausentes", considerando-se que os homens não respondem ao que lhes foi perguntado. Mas vão *além*, pois, embora respondam à pergunta, não oferecem qualquer tipo de finalização ou fechamento.

Com uma resposta qualificada, existe sempre um "mas", já que ela nunca é absoluta. Nunca é "sim" ou "não", mas um tipo de floreio ou inter-relação inteligente de palavras e frases que apenas servem para enrolar o interlocutor, do tipo: "Sim, mas deixe-me explicar" ou "Não, mas o motivo é o seguinte..."

Aqui vão alguns qualificadores típicos aos quais deve estar atenta quando suspeitar que um homem esteja incorrendo no 13° tipo de enganação verbal:

- "Para ser perfeitamente honesto..."
- "Pelo que eu sei ..."
- "Para falar a verdade..."
- "Honestamente..."
- "Sendo bem sincero..."

Tipo 14: drama

Enquanto a maior parte das pessoas evita fazer **drama**, o enganador adora. Como todos sabem, algumas pessoas são simplesmente viciadas nisso; elas têm uma queda pelo dramático, e é por isso que nós as adoramos. Mas este não é o caso. O tipo de drama encenado pelo homem enganoso é proposital, artificial e tremendamente falso. Existe nele tamanha falta de honestidade que é difícil de ignorarmos, especialmente se soubermos o que precisa ser procurado.

É absolutamente normal e natural que um homem faça comentários sobre o tempo. Mas se ele continuar discorrendo eloquentemente sobre as flores e os pássaros e sobre a renovação imposta pela primavera, tenha a certeza de que está diante de um indivíduo ardiloso – qualquer que seja o assunto – que adora encenar. E é exatamente isso o que ele fará: uma performance para um público composto por uma só pessoa – você! Você certamente notará que os tipos de comportamentos melodramáticos incluem a palavra "falso" em seus subtítulos:

- **Falsa felicidade:**
  - "Oh, que dia fabuloso; você não *ama* a primavera?"
  - "Eu *adoro* quando chove. Sou uma pessoa tão positiva, nada me deixa deprimido."

- **Falsa amizade:**
  - "Nós *definitivamente* deveríamos jogar golfe juntos e você é bem-vindo para se juntar a nós na festa de ano-novo."
  - "Tem um cara que eu conheço que *certamente* poderá explicar como isso funciona."
  - "Sinta-se livre para me ligar a *qualquer* hora."
  - "A gente tem *tanto* em comum."

- **Falsa educação:**
  - » "Absolutamente, senhora, o que quer que a senhora queira..."
  - » "Eu só estou aqui para ajudar como puder..."
  - » "Sua felicidade é muito importante para mim."
  - » "Eu vivo para servir."
  - » "Seu desejo é uma ordem."

Lembre-se de que alguns homens são apenas os "reis do drama"; eles são muito expressivos e atenciosos, e só isso.

Portanto, se um sujeito for naturalmente jovial e dramático e fizer grandes gestos desde o momento em que a encontrou até a hora em que começarem a falar de negócios, bem, isso parece ser parte do seu comportamento convencional. O que precisa determinar é se, de repente, ele se tornou dramático no exato instante em que você fez uma pergunta séria.

Últimas palavras sobre a enganação verbal

Sei que parece muita informação. Este tipo de enganação é tão disseminada e tão corriqueira que é difícil catalogar todos os exemplos possíveis, o que não nos impede de tentar. Contudo, é importante que você considere profunda e seriamente não apenas este capítulo, mas também o Capítulo 8. Eles devem ser vistos como um manual para a detecção da mentira.

Se você se familiarizar com as muitas formas de enganação verbal e passar a reconhecê-las, poderá extirpar de sua vida a maioria das mentiras contadas pelos homens.

O que é fascinante em detectar a enganação é que os homens ficam absolutamente perplexos quando você chama sua atenção.

Se puder superar o sentimento de culpa e forçar a si mesma a se defender e a confrontá-los em relação ao comportamento que estão adotando, isso os deixará completamente desconcertados e atordoados. Do contrário, eles barganharão e a intimidarão até o fim. Afinal, a enganação verbal funciona como um vale-refeição para os homens – portanto, quando você o revoga, eles ficam famintos.

Plano de ação para o Capítulo 7

Apesar de parecer desafiador categorizar e memorizar todos os tipos de mentira que foram apresentados aqui, é importante começar por algum lugar. Para este capítulo, gostaria que usasse seu próprio diário ou adquirisse um caderno espiral pautado com pelo menos 50 páginas. Na primeira página, escreva "Alertas-vermelhos".

Mantenha o diário à mão. Leve-o para o trabalho ou a qualquer outro lugar onde tenha contato com pessoas. O objetivo é usar uma página em separado para cada alerta que presenciar, e que os encaixe de acordo como uma das 14 enganações verbais aqui apresentadas.

Não se trata do quão rápido você conseguirá preencher o caderno, mas, sim, daquilo que fará com as anotações. É isso o que realmente conta. Toda vez que você testemunhar um desses alertas, escreva nele o que aconteceu ou, se puder, exatamente o que foi dito. Depois retorne para as páginas deste livro, mais especificamente para este capítulo, e procure o tipo de enganação verbal que considerar correspondente. Acrescente a razão pela qual pensa assim e que evidências dão sustentação à sua teoria.

Por exemplo, vamos dizer que você convide uma colega para jantar e que sua recusa a deixe desconfiada. Talvez ela ofereça uma desculpa longa e detalhada, ou até pessoal; escreva isso. Então categorize o que foi dito e sustente seus achados por meio de palavras.

Quanto mais detalhista puder ser ao relatar o ocorrido, mais rápido e profundamente entenderá do que se tratam aqueles sinais de enganação verbal, e como são corriqueiros em nossas vidas.

Bônus especial: *Visite o site www.facelessliar.com e tenha acesso a um trecho do novo e-book de Dan Crum,* The faceless liar: is he lying to you on the phone, e-mail, text, or chat?

Uma excelente maneira de realmente se familiarizar com a enganação verbal (de modo a reconhecê-la assim que escutá-la) é se manter sempre em contato com ela, o máximo possível. Escute o bônus extra tantas vezes quanto for possível até que você se torne uma verdadeira detetive de relacionamentos e reconheça o comportamento enganoso sempre que ocorrer.

As jogadas do mentiroso

A enganação não verbal aparece em todos os formatos e tamanhos. Nós já discutimos os pontos dormentes em detalhes, mas há também dúzias de outros tipos de enganação não verbal.

Você já escutou o termo *olho no olho*, certo? Bem, os olhos são definitivamente a janela da alma. Quando sabemos o que procurar, eles podem ser bastante expressivos no que tange a enganação não verbal. Muitas pessoas assumem que um mentiroso desviará os olhos quando mentir, ou olhará para cima e para a direita ao fazê-lo. Talvez de fato alguns o façam, mas não todos.

Você sabia que o oposto também pode ser verdade? Por exemplo, enquanto alguns homens evitarão o contato visual quando estiverem mentindo, outros simplesmente não desviarão o olhar! Isso é apenas mais um indicativo de enganação verbal conhecido como "*contato visual anormal*"; uma das diversas formas de enganação não verbal discutiremos neste capítulo.

Lembre-se do estado de normalidade

Assim como fizemos no capítulo anterior, começaremos relembrando exatamente o que precisa ser feito: conhecer seu estado normal pode determinar se ele a está enganando quando sua comunicação não verbal sugerir enganação.

Falaremos extensivamente sobre pontos dormentes neste capítulo, mas, por hora, apenas lembre-se de que é preciso definir o funcionamento dos pontos dormentes se quisermos avaliar se eles "despertam" quando colocados sob estresse. Por exemplo, se mantivermos uma conversa casual com alguém durante algum tempo – clima, esportes, filmes, amigos em comum, a decoração do restaurante etc. –, devemos atentar para sua postura corporal. Como ele está sentado? Onde estão as suas mãos? Ele fica tenso mesmo quando está supostamente relaxado? Se for o caso, será difícil determinar com exatidão quando seus pontos dormentes realmente despertam em função do estresse.

Alguns homens sentam-se eretos, independentemente da situação. Talvez eles tenham um background militar, ou quem sabe suas famílias tenham insistido para que mantivessem uma postura correta. É possível que acretidem que este seja o modo de um cavalheiro se sentar à mesa, ou simplesmente tenham ficado tempo demais engessados depois de algum acidente. Quem sabe?

Separando o verbal do não verbal

Tudo pode parecer um pouco difícil agora, talvez até intimidador, mas com o tempo você obterá mais prática e, então, se tornará mais apta a detectar ambos os tipos de enganação, a verbal e a não verbal.

Por hora, é vital que você consiga dintingui-las. É muito cedo para tentar reuni-las e fazer presunções conjuntas sobre tópicos que deveriam ser mantidos estritamente separados.

Por exemplo, é muito difícil rastrear o que alguém diz e faz ao mesmo tempo. Então reserve um tempo para sinais verbais e outro para os não verbais. Dessa maneira, você poderá evitar julgamentos apressados e, ao mesmo tempo, dar a si própria a chance de analisar o comportamento de dois modos diferentes.

Você então poderá aproveitar um primeiro encontro para prestar atenção ao que ele diz, e um segundo para atentar para seus gestos. Mas caso vocês decidam que este primeiro encontro será dividido em duas partes –, esse coquetel e jantar, ou jantar e casa noturna –, então por que não devotar a primeira etapa para os sinais verbais e a segunda para os não verbais? A questão é: não tente fazer coisas demais de uma só vez. Já é difícil o suficiente detectar a enganação quando temos todo o tempo do mundo; torna-se duplamente complicado quando tentamos fazer tudo ao mesmo tempo.

Quanto mais praticar, melhor se tornará na detecção do logro. Quando sentir que domina tais habilidades, terá se tornado verdadeiramente uma detetive de relacionamentos, pronta para "cair na real", enxergar e escutar – tudo ao mesmo tempo.

Acordando pontos dormentes

Antes de mergulharmos na discussão sobre a enganação verbal e a não verbal, vamos relembrar o que já vimos sobre pontos dormentes. Aqui vai um exemplo: Digamos que você veja que o pé esquerdo dele está no chão, a sua panturrilha direita está descansando sobre sua coxa esquerda, seu cotovelo direito repousa sobre a coxa direita, sua mão direita está sobre o joelho direito e sua mão esquerda, apoiada sobre o tornozelo direito. Esses são os **pontos dormentes** de seu acompanhante – a maneira como ele está sentado quando está relaxado, sereno e sob controle, igual àquela pobre gazela antes que o leão avançasse sobre ela – e o que queremos descobrir é se, ao fazer uma pergunta mais complicada, qualquer um desses pontos será despertado.

Este é o sistema nervoso autônomo em funcionamento. Você está tentando evocar a resposta sob estresse e ver se o homem partirá para o combate, correrá ou ficará congelado. Se ele se sentir ameaçado por causa da questão – o que significa que ele acredita que você não aceitará namorá-lo caso já tenha se engajado em uma aventura romântica – ele *não terá controle* sobre a reação automática de seu corpo e mais do que um desses pontos dormentes será despertado.

Isto é muito importante: as pessoas não conseguem controlar as reações corporais quando estão diante de questões teoricamente ameaçadoras.

Então, se o cara do exemplo deixou o seu tornozelo direito repousar casualmente sobre o joelho esquerdo enquanto discutia sobre futebol, e então, ao ser questionado sobre a aventura romântica, seu emprego ou alguma outra coisa que seja altamente estressante, ele de modo repentino mudou sua postura ou começou a balançar nervosamente o pé – algo que antes não estava fazendo –, ou até mesmo mudou completamente sua posição, é porque você atingiu um ponto sensível. Como você sabe? Simples – seus pontos dormentes estão despertos.

Mais exemplos de pontos dormentes

Nos capítulos anteriores, falamos brevemente sobre os pontos dormentes, mas agora gostaria de ser mais específico em relação ao que devemos procurar para descobrir enganações não verbais.

- **É fundamental que esteja familiarizada com o comportamento dele enquanto ele está confortável e relaxado.** Mas tenha em mente que o estado de normalidade de um homem mudará com o tempo e de acordo com os diferentes ambientes, então é necessário determinar o que é normal a cada novo diálogo. Pelo fato de sermos criaturas do hábito, provavelmente notaremos um comportamento similar àquele observado da última vez, mas esteja atenta a qualquer novo sinal.
- **Sentado ou de pé.** Na maioria das situações sociais você escolherá uma dessas duas opções:

» **Sentado:** Verifique como a cabeça, o quadril, as pernas, as costas, os braços e as mãos dele se comportam em relação à cadeira. Ele inclina o corpo para a direita ou para a esquerda? Qual perna costuma ficar no chão e qual se curva quando ele as cruza? Onde ele coloca as mãos? Ele permanece ereto ou curvado?

» **De pé:** O que ele faz com os pés? Ele cruza um sobre o outro? Fica com os dois pés estendidos? Ele os coloca em repouso sobre algum objeto ou os apoia contra a parede? Se ele muda sua postura, seus pontos dormentes despertaram.

- **Tire uma fotografia mental.** Como se você tivesse uma câmara em sua cabeça, fotografe o homem em questão em posição normal, antes de colocar sua questão relevante.

- **Movimentos da perna.** Quando se trata de pontos dormentes, as pernas de um homem têm muito a dizer. Ele poderá permanecer reto, andar de um modo desengonçado, mostrar-se desconfortável e balançar as pernas ou colocar-se em posição de atenção.

» **Cruzar/descruzar as pernas:** Lembre-se, mover-se nervosamente não é necessariamente um sinal de enganação, a não ser que ele só o faça sob estresse. Portanto, se as pernas do seu acompanhante parecerem desconfortáveis quando vocês estiverem simplesmente batendo papo, e continuarem do mesmo jeito em situações de estresse, esses não serão necessariamente sinais de enganação.

» **As pernas param de se mover:** Se você determinou que o estado de normalidade de um homem inclui a constante movimentação dos membros inferiores, mas isto para repentinamente após uma pergunta difícil, está diante de um sinal de enganação.

- **Os braços:** Assim como as pernas, os braços de um homem podem dizer muito sobre seu comportamento:
  - » **Cruzar/descruzar os braços:** O que ele faz com seus braços? Ele os cruza? Os deixa pendurados? Coloca as mãos nos bolsos? Flexiona seus músculos?
  - » **Balançar os braços:** Mais uma vez, tal qual as pernas, balançar os braços não é um sinal de enganação não verbal, *a não ser que* ele somente o faça em momentos de estresse.

- **Ele muda a posição da cabeça.** Os homens são tipicamente cuidadosos com o modo como movem a cabeça quando estão sob estresse, já que normalmente o contato visual é importante para eles. Como os olhos são obviamente conectados à cabeça, eles costumam ser cautelosos e evitam qualquer mudança repentina em seus movimentos. Entretanto, o SNA com frequência os entrega. Lembre-se de que nós não conseguimos controlar como os pontos dormentes despertam. É isso que precisa ser constatado. Ele vira a cabeça para a direita ou esquerda quando precisa responder a qualquer pergunta? Ou somente quando responde a perguntas difíceis, às quais preferiria evitar?

- **Ele se recosta na cadeira.** Vamos dizer que você tenha acabado de perguntar: "Afinal, quem fica enviando mensagens de texto a você?" Ele de repente se senta, arqueia as costas ou se inclina para o lado? Ele estava sentado com as costas pressionadas contra a cadeira antes de você fazer esta pergunta? A maioria das pessoas, quando relaxadas, senta normalmente com as costas apoiadas contra a cadeira, mas se move rapidamente quando confrontada com situações estressantes.

- **Seu quadril se ajeita na cadeira.** O quadril, assim como as costas, está tipicamente comprimido contra a cadeira e permanece lá enquanto não está sob estresse. Contudo, um mentiroso ao ser provocado pode mudar de lado na cadeira da esquerda para a direita e vice-versa ou até mesmo se inclinar para frente. É algo fácil de deixar passar, principalmente porque é um movimento que normalmente os homens escondem, e as mulheres não estão realmente treinadas para procurar. Contudo, se você observar isso cuidadosamente, verá com facilidade.

- **A sua cadeira se move ou rola.** A cadeira se movimenta ou rola repentinamente? Isso pode ocorrer por conta de um movimento brusco de suas pernas embaixo da mesa (onde talvez você não consiga ver), ou devido a uma mudança em seu quadril ou seus pés, em resposta a uma questão estressante.

- **Seus pés se movem.** Como os pés estão conectados às pernas, eles em geral acompanham a maneira como elas se movem. É raro um homem que movimente frequentemente as pernas e mantenha os pés fixos, ou vice-versa. Então observe os pés com cuidado, especialmente se não conseguir enxergar as pernas porque elas estão sob a mesa ou encobertas por um guardanapo.
  - » **Mudar a posição.** Os pés deles mudam de posição repentinamente? Eles começam/param de balançar? Eles começam/param de tamborilar sobre o chão?

Mudanças bruscas no comportamento dos pés podem indicar enganação.

- **Gestos das mãos.** Fomos ensinados por Hollywood, pelos romances e pela TV que um homem pressionando as próprias mãos é culpado, mas não é necessariamente assim. Nenhum gesto por si só implica sinceridade ou mentira. O principal a saber sobre os gestos é o fato de não estarmos buscando por eles isoladamente, mas por *mudanças* na gesticulação. Por exemplo, mãos que se movimentam o tempo todo não significam muito se elas se mantêm assim ao longo de todo o encontro. Elas significam alguma coisa somente se permanecerem quietas enquanto ele estiver relaxado e ganharem vida quando sob estresse – ou vice-versa.
  - » **Mãos ganhando expressão.** Quando os pontos dormentes de um homem despertam, ele pode simplesmente começar a usar as mãos repentinamente (ou parar de usá-las).
  - » **Esfregando ou apertando as mãos.** Ele pode começar a esfregá-las ou a apertá-las porque seu SNA ganha vida, despertando-o para a resposta "combata, corra ou congele".
  - » **Se embelezar.** Ele de repente começa a cuidar da própria aparência? Ajeita o cabelo, as abotoaduras, ou tira fiapos da roupa? Se esse for um novo sintoma e não parte de seu estado de normalidade, pode ser um sinal significativo de enganação não verbal. Outros gestos das mãos que podem indicar enganação, incluem:
    - coçar partes do corpo;
    - acariciar a mão, a gravata, o joelho, a gola da camisa, o guardanapo ou a toalha de mesa;

- beliscar a própria pele, ou arranhar uma mancha na gravata ou mesmo no rosto.

- **Ajustes gerais.** Quando sob estresse, os homens geralmente começarão a ajustar sua postura para distraírem o interlocutor e ganhar tempo suficiente para encontrar uma resposta apropriada. Similar aos pontos dormentes, não importa *como* estão se movimentando, e, sim, *quando* o fazem.
  - » **Ajustar as roupas.** Ele pode de repente começar a ajustar as próprias roupas, arrumar sua gravata ou colarinho. Se as roupas se tornarem uma preocupação repentina, e isso coincidir com uma questão difícil, deve ser motivo de preocupação.
  - » **Ajustar o relógio ou joias.** Talvez ele ignore suas roupas, mas comece a mexer em seu anel, ajustar o relógio ou comparar o horário que marca seu relógio com o que aparece no relógio do bar. Novamente, pergunte a si própria por que ele está fazendo isso exatamente agora. É o momento mais apropriado? Provavelmente não.
  - » **Ajustar ou limpar os óculos.** Se ele repentinamente começar a ajustar ou limpar os óculos, querendo ganhar tempo diante de uma questão estressante, isso pode ser um sinal de enganação, particularmente se até então isso for algo que ele não tenha feito.
  - » **Ajustar o cabelo.** Uma brusca preocupação com o cabelo é em geral um bom indicativo de que há algo errado.

- **Inspecionar as unhas.** Homens mentirosos irão de repente começar uma inspeção em suas unhas. Por quê? O mesmo motivo anteriormente citado, ganhar tempo. Essa é uma atitude natural, pois eles conseguem evitar contato visual sem parecer totalmente suspeitos. Ou melhor, a não ser que você saiba pelo que deve procurar.

- **Morder.** Alguns homens roem as unhas ou mordem os lábios, ou até mesmo objetos o tempo todo; alguns só o fazem sob estresse. Se você determinou que seu acompanhante é do tipo mordedor mesmo quando relaxado, então vê-lo mordendo o canudinho de um coquetel ou uma caneta esferográfica não lhe servirá de nada. Entretanto, se ele de repente morder as unhas, os lábios ou uma caneta sem ter apresentado esse comportamento previamente, cuidado.

- **Limpar e organizar o que estiver ao seu redor.** Pode ser que o homem comece subitamente a limpar a mesa ou as cadeiras, a arrumar os pratos, os guardanapos.

- **Limpar o suor.** O suor é definitivamente um produto do SNA e da resposta "combata, corra ou congele". Quando estressados, nós não conseguimos controlar as respostas corporais diante do perigo, e quando nos preparamos para correr, nosso organismo abre os poros para permitir que a sudorese adicional faça o resfriamento durante o esforço. Alguns homens suam naturalmente; talvez o indivíduo esteja bem-vestido para o encontro, mas não esteja habituado com isso, então as camadas extras de roupa acabam ficando encharcadas de suor. Se assim for, dê um desconto para o rapaz! Entretanto, caso ele esteja calmo, tranquilo e sereno durante a noite inteira e só agora, após sua pergunta sobre seu estado civil, tenha começado a suar como se fosse uma cachoeira, cuidado.

- **Tocar/cobrir o rosto.** Apesar de conseguirmos controlar movimentos mais amplos em situações de estresse, os pequenos ainda ocorrerão automaticamente, queiramos ou não. Então olhe cuidadosamente quando um homem começar a tocar ou cobrir sua boca, seus olhos, suas orelhas ou seu nariz.
  - » O motivo pelo qual um homem cobre o rosto é bastante interessante e faz sentido quando pensamos a respeito: já aconteceu de você escutar notícias muito ruins, instintivamente cobrir as orelhas e dizer: "Pare! Eu não quero ouvir isso!"? E quanto a testemunhar algo horrível, como um trágico acidente de carro, e rapidamente cobrir seus olhos?
  - » Agora pense em um bebê que imagina que pode simplesmente se "esconder" de você ao tapar os próprios olhos, antes mesmo de ter aprendido a falar. O homem adulto não é muito diferente. Ele também cobrirá os ouvidos para não escutar o que você está dizendo; os seus olhos, para evitar encará-la ou ver o que tenta lhe mostrar; e até a sua face, como se isso pudesse fazê-lo desaparecer. Todos esses são sinais de enganação aos quais devemos prestar atenção. Agora você sabe por que os homens fazem isso.

- **Contato olho no olho anormal.** O que queremos determinar com o contato visual não é o quanto ele a está encarando, mas, sim, se isso é apropriado para a situação. Um contato olho no olho convencional funciona assim: olhar sete segundos e desviar durante outros três. Não é uma ciência exata, mas essa é uma taxa perfeitamente aceitável determinada por pesquisadores em todos os lugares do mundo. Então, apesar de não precisar cronometrar o contato olho no olho, você poderá perceber se ele está ou não agindo adequadamente.

» **Ele não olha nos seus olhos.** Nós já discutimos como o contato olho no olho não é necessariamente um sinal de enganação ou sinceridade, mas quando um cara não olha nos seus olhos de jeito nenhum, é um sinal de que há algo errado.

» **Ele não quebra o contato visual.** Lembre-se do que se entende pelo padrão olho no olho (sete por três). Então se ele o quebra de um jeito ou de outro – contato inexistente ou exagerado –, pode estar reagindo ao estresse.

» **Ele pisca demais ou deixa seus olhos fechados por muito tempo.** Eu conheço muitos homens que piscam demais ou fecham os seus olhos quando estão pensando. O que você está buscando é se isso começou *após* a sua pergunta difícil.

- **Postura anormal.** O que queremos ao observar a postura é, mais uma vez, checar se ela é apropriada ou não para a presente ocasião. Por exemplo, se ele está relaxado em situações de estresse ou se estressa quando deveria relaxar, há algo acontecendo. Se você fez uma pergunta realmente séria e ele agiu como se ela não fosse importante, por que está agindo de maneira tão inapropriada? Igualmente, se você não o está sequer enquadrando ainda, mas ele está sentado ereto e alerta demais para a situação, por que estará agindo desse modo? Isso seria inadequado para o contexto. Por que o cara coloca os pés sobre a cadeira quando se trata de uma situação formal? Por que esse cara está sentado duro como rocha em uma situação descontraída? Isso simplesmente não é normal; são comportamentos que remetem a uma situação inapropriada. Ele está obviamente preocupado com algo; existe alguma razão para que isso esteja acontecendo.

- **Engolir anormalmente.** Imediatamente após um momento de estresse, a nossa boca seca. Então esteja alerta para uma pessoa que começa a engolir a própria saliva de modo repentino e anormal; por exemplo, ele pode ter um drinque ou um copo de água bem à sua frente, e mesmo assim sua boca continua seca.

- **Respiração rápida ou controlada demais.** *Se a respiração rápida ou lenta não fizer parte do seu estado de normalidade, se não fizer parte da foto que você tirou do seu comportamento padrão*, esse é um sinal de comportamento enganoso.

- **Um novo ponto dormente.** Perceba se outro ponto corporal sofreu algum tipo de alteração durante o diálogo. O objetivo está em ver se alguma parte do corpo do homem que costuma estar em movimento de repente para e fica dormente durante sua janela de foco. Este novo ponto dormente é um sinal de enganação, então tenha certeza de percebê-lo assim que ocorrer.

Resumo

A enganação não verbal pode ser um excelente recurso para uma detetive de relacionamentos, pois a maior parte dos homens tende a se focar na enganação verbal e investe menos tempo aperfeiçoando aquilo que faz quando não está falando. Isso lhe dará uma vantagem quando conseguir avaliar ambos os sinais, o verbal e o não verbal.

O objetivo de se analisar a enganação não verbal é estar vigilante; assim como os homens, as mulheres também tendem a focar mais no ato da enganação verbal, o que é um erro, pois ambos são críticos em revelar sinais de logro.

Encaremos os fatos. Quando você leu o título deste livro – *Será que ele mente para você?* –, provavelmente seu primeiro pensamento foi algo assim: "Ótimo, finalmente serei capaz de dizer quando as palavras que saem da boca dele são mentiras!"

Mas como acabamos de perceber, as mentiras não saem apenas da boca; elas podem vir de seus pés, da sua testa suada, do modo como mordisca os lábios, da mudança de assunto e de dúzias de outras combinações de enganações verbais e não verbais. Somente você pode se policiar e permanecer vigilante em sua busca por esses sinais.

Plano de ação para o Capítulo 8

Uma excelente maneira de observar o comportamento não verbal dos outros é se auto-observar. Pegue um espelho de corpo inteiro e sente-se de frente a ele por cinco minutos. Não faça nada especial. Não tente sentar corretamente se essa não for sua postura natural, não cruze ou descruze as pernas se isso não lhe é comum. Apenas sente-se da maneira como o faria se estivesse almoçando com um bom amigo ou visitando um membro querido da família.

Pelos primeiros minutos, apenas mantenha-se tranquila. Evite o espelho. Não olhe para ele nem tente se analisar. Apenas permaneça sentada, relaxada e confortável; deixe que os braços e as pernas fiquem também em uma posição natural, como se estivesse em um avião para um viagem de seis horas.

Passados alguns minutos, olhe para si mesma e tome nota da posição de suas mãos, pernas – se estão cruzadas ou descruzadas (e se estiverem cruzadas, qual está por cima) –, cabeça – se pende para algum lado – e se o peso corporal está distribuído por igual na cadeira. Fique nessa posição e examine os diversos pontos dormentes de seu corpo.

Uma vez que esteja familiarizada com os seus próprios pontos dormentes, você será muito mais eficiente em perceber os de outra pessoa quando a hora chegar.

Plano de ação avançado

Este segundo plano a ajudará a dominar os conceitos deste capítulo. Tente imitar os movimentos de pessoas com as quais interage. Então se você estiver almoçando com uma colega, observe o que ela faz e faça igual. Se você estiver em um bar conversando, fique na mesma posição que a outra pessoa. Não há necessidade de procurar pela enganação quando estiver praticando essa dinâmica. Use-a como uma oportunidade para afiar o seu foco de como o corpo das pessoas normalmente funciona e como elas estabelecem e mudam os seus pontos dormentes.

Bônus especial: *Visite o site www.facelessliar.com e tenha acesso a um trecho do novo e-book de Dan Crum,* The faceless liar: is he lying to you on the phone, e-mail, text, or chat?

Mentiras descobertas – o veredicto

Parabéns, você chegou até aqui! Gostaria de aproveitar este momento para cumprimentá-la por ter se comprometido o suficiente para ler os primeiros oito capítulos deste livro.

Eu sei que este é um capítulo pelo qual você estava ansiosa. Agora é hora de colocar em prática todas as habilidades que você aprendeu. Você conseguirá adquirir grande insight ao retornar ao cenário do *speed dating*, no primeiro capítulo, e analisá-lo em detalhes.

Na primeira vez em que leu o capítulo 1, você já era suficientemente apta a identificar a enganação. Mas agora, ao revisitá-lo, acredito que ficará impressionada ao perceber o tanto que suas habilidades se desenvolveram e o quão fácil se tornou identificar um homem que está mentindo para você (darei a você a chance de determinar por si própria onde a enganação está, antes de oferecer-lhe a minha própria análise).

Vamos começar!

Questões 1 e 2: *uma recapitulação*

Ao longo deste trabalho, você teve acesso às várias formas de enganação verbal e não verbal, dos "pontos dormentes" à "distorção da culpa", e tudo o mais. Finalmente, é hora de colocar essa informação em uso e revisitar o nosso cenário de *speed dating* no qual Ashley encarou quatro homens diferentes – Dave, Chuck, Phil e Sam. Todos tiveram respostas bastante diferentes para as duas perguntas-chave que fez.

Você se lembra dessas perguntas? Aqui estão elas:

- **Questão nº1:** *Você já traiu alguém?*
- **Questão nº2:** *O que você acha que uma mulher deveria fazer se descobrisse que seu companheiro a está traindo?*

Afinal (que soem os tambores, por favor!), é hora de revelar quem era o enganador e qual deles – ou, quem sabe, *quais deles* – estava dizendo a verdade. Mas eu estaria sendo relapso se não a alertasse para novamente "cair na real".

Caindo novamente na real

Bem, como já conhecemos cada um dos quatro homens que Ashley encontrou em seu evento de *speed dating*, nós agora já estabelecemos imagens mentais de como eles se parecem e também já criamos possíveis preconceitos acerca de sua sinceridade.

Talvez você tenha se sentido magoada no passado por alguém alto, moreno, bonito e de fala suave e pensou automaticamente que Dave fosse o vilão. E se ele não for? Talvez você tenha assumido que somente pelo fato de Chuck ser jovem, ter cara de bebê e usar óculos, ele seria incapaz de dizer uma mentira. E se você estiver errada?

Os preconceitos funcionam *a favor* de alguns homens e *contra* outros; os homens sabem disso. Alguns deles poderão vislumbrar seu preconceitos e passar a jogar com eles, principalmente se acharem que é nisso que você acredita ou, de maneira desafiadora, se acharem que isso é o que a atrairia.

Então, enquanto preconceitos ajudam alguns homens – normalmente, os enganadores do grupo –, eles também ferem outros. Por Phil se parecer com um contador, você pode estabelecer algum tipo de imagem específica, quando, na verdade, uma vez que começar a conhecê-lo (isto é, se lhe der a chance), verá que ele não tem nada de contador.

A única pessoa a quem os preconceitos *sempre* machucam é você. Eles encobrem o seu julgamento, para melhor ou para pior – geralmente para pior. Portanto, antes que possamos seguir adiante nesta análise final, *realmente* preciso que você ignore o que acha que já sabe e "caia na real". Agora você pode focar mais no conteúdo de suas respostas (o comportamento verbal e o não verbal) e menos na aparência ou em suas noções preconcebidas.

Uma nota a respeito de sua avaliação pessoal de cada indivíduo

Antes que analisemos cada um dos quatro rapazes que Ashley encontrou durante o evento, gostaria que você fizesse duas coisas: primeiro, volte e leia novamente o primeiro capítulo; segundo: apanhe seu diário, um caderno ou algumas folhas em branco.

Ao repassarmos o desempenho de cada homem, farei uma pausa na análise das minhas descobertas para permitir que você estabeleça as suas próprias. Enquanto escrever os detalhes nos quais reparou, é provável que note a facilidade com a qual determinou os mesmos sinais de enganação que eu. Também acredito que você irá considerar o exercício bastante útil, conforme ele assinalar a sua independência na detecção de mentiras.

O veredicto: *quem estava mentindo e quem não estava!*

Quem eram os mentirosos e quem estava dizendo a verdade?

Será que foi o **Dave**? "'*A noite está começando bem*', pensou Ashley assim que Dave se aproximou e apertou sua mão. Naquele momento, antes mesmo de sentar, o jovem quebrou a primeira regra do evento. Sua pegada era firme, mas não exagerada – era masculina, sem fazer o estilo "machão". Ela imediatamente se entusiasmou com o rapaz. Dave era um homem alto, moreno e bonito. Estava bem-vestido e pareceu sincero ao elogiar a blusa que ela estava usando e perguntar se ela havia ido ao cabeleireiro."

Será que era **Phil**? "O evento já estava na metade quando ela o viu pela primeira vez. Era como se a palavra 'contador' estivesse escrita em sua testa, desde os sapatos pretos bem polidos até o terno cinza mal-ajustado; dos óculos embaçados ao corte de cabelo batidinho. Ele parecia nervoso e tímido e, diferentemente dos rapazes que já havia encontrado naquela noite, foi um dos únicos que não quebrou as regras e apertou sua mão."

Foi **Sam**? "O último encontro da noite seria com Sam, um rapaz com menos de 30 anos e talvez até um pouco jovem demais para Ashley. Vestia-se com calças jeans justas e uma camiseta com capuz. Pelo que ela percebeu, seu rosto não estava barbeado e ele parecia propositalmente desleixado; suas sobrancelhas eram cuidadosamente esculpidas e seus olhos, de um verde rico e profundo. Apesar da diferença de idade, assim que Sam sentou-se à sua frente, inclinou-se para trás e cruzou as pernas na altura do tornozelo, Ashley sentiu-se imediatamente atraída pelo jovem."

Ou talvez **Chuck**? "O próximo pretendente era Chuck. Ele tinha quase 40 anos, mas ostentava um visual de garotão. Tinha rosto de bebê, usava óculos de aro fino e exibia um sorriso permanente no rosto. Apesar de não ser fisicamente atraente ou demonstrar o mesmo magnetismo pessoal de Dave, ele parecia sincero e seu entusiasmo era contagiante."

Vamos descobrir, certo?

Dave

Vamos começar com Dave, um especialista em relações pessoais. Pare por um instante, livre-se de seus preconceitos e pense em

Dave como um homem comum. Vamos enxergar e escutar as respostas de Dave para as duas questões que queremos focar.

Questão 1: Dave, você já traiu alguém?

O que fez Dave após a pergunta? Apanhe seu diário e escreva exatamente o que você observou; próximo às suas anotações, escreva se acha que Dave estava mentindo ou não. Feito? Ótimo: vejamos agora o que eu acho.

Dave sorriu, descruzou as pernas e inclinou-se para frente, perguntando de maneira ousada: – O que você acha? –, antes de suspirar e continuar. – Sério, você não acha que isso é algo que depende de cada um? Quero dizer, acho que depende do que cada pessoa entende por trair.

Observemos o **comportamento não verbal** de Dave. Você notou alguma enganação? Estou certo de que você notou que muitos dos pontos dormentes de Dave despertaram durante a janela de observação. Primeiramente ambas as pernas acordaram, seguidas pelas costas e pela cabeça. Isso por si só é o suficiente para que você duvide da sinceridade de sua resposta? Sem dúvida! Lembre-se: quando uma pergunta parece ameaçadora para a pessoa, ela não consegue controlar a reação automática do corpo de acordar os pontos dormentes.

Agora, vamos dar uma olhada no **comportamento verbal** de Dave. Você notou alguma enganação? Estou certo de que observou que Dave usou um dos maiores sinais de enganação, a "distorção da culpa", quando disse: "Sério? Você não acha que isso é algo que depende de cada um?" Em somatória à distorção da culpa, que outro sinal pôde reparar na resposta de Dave? Bem, para começar, ele respondeu à pergunta com outra pergunta: "O que você acha?" O que mais? Ele também agiu como se precisasse de uma explicação para entender uma pergunta direta: "Quero dizer, acho que depende do que cada um entende por trair". Finalmente, se prestar atenção a tudo o que Dave disse, perceberá que ele jamais respondeu à pergunta.

Mas Dave, assim como todos os homens, merece o benefício da dúvida, então vamos dar uma olhada na sua *resposta* para a segunda questão.

Questão 2: o que você acha que uma mulher deveria fazer se descobrisse que seu companheiro a está traindo?

Antes de continuar, escreva o que Dave fez após ser intimado a responder a esta pergunta.

Se você está lembrada, Dave cruzou as pernas novamente e pensou um pouco antes de responder: "Isso dependeria do que tivesse realmente acontecido – disse ele finalmente. – Quer dizer, acho que tudo depende do modo como ele se saiu de tal situação. O cara se desculpou? Ele de algum modo compensou sua companheira? Quem sou eu para julgar?"

A esta altura, seus alarmes já deveriam estar soando e bandeiras vermelhas deveriam estar tremulando por toda parte! Viu como é fácil identificar a mentira agora que sabemos o que temos de olhar e escutar? Assim como fez com a primeira pergunta, aqui Dave deu múltiplos sinais de enganação, tanto verbais como não verbais.

Veja o que ocorreu a seguir: "Bem, eu não estou pedindo que você julgue ninguém, Dave. Somente lhe pedi que fosse honesto consigo mesmo". Naquele momento a campainha tocou. O rapaz se levantou da cadeira e apertou a mão da jovem como se ambos estivessem simplesmente falando sobre o clima.

Observe que, ao responder à segunda questão, Dave expressou diversos dos nossos 101 exemplos de enganação. Ele foi **dramático, demonstrou confusão** em relação a uma pergunta aparentemente direta, usou **táticas de atraso, distorções de culpa** e o nosso primeiro tipo de enganação verbal, a **resposta ausente**.

Acho que estamos todos de acordo que Dave não é o tipo de cara com quem Ashley consideraria namorar diante dos sinais claros de comportamento enganoso que ele apresentou ao responder a suas perguntas relevantes.

Talvez algum dos outros caras seja confiável.

Chuck

Antes de darmos uma olhada em Chuck, lembre-se de novamente "cair na real". Temos de dar uma chance justa a cada um dos candidatos. Sei que tenho repetido várias vezes essa tática, mas é fácil de esquecê-la e isso poderia ter um efeito devastador em nossa análise.

Por exemplo, se você acabou de sair de um relacionamento desastroso, passará por um período no qual sua abordagem será diferente nas relações e a sua guarda se manterá alta. O mesmo ocorre com sua análise em relação a estes quatro homens. Após revisar as respostas de Dave e perceber os sentimentos que ele tem em relação a pessoas que mentem, nos sentiremos tentados a carregar esta sensação em nossa avaliação do próximo rapaz, esquecendo de que estamos falando com um homem diferente, que merece uma oportunidade justa.

Questão 1: Você já traiu alguém, Chuck?

"Não! Absolutamente, nunca!" – respondeu Chuck imediatamente, encarando-a de frente e olhando-a nos olhos. De fato, ele pareceu muito sincero quando questionou: "Por que você me pergunta isso?" Mas antes mesmo que ela tivesse a chance de responder, ele concluiu com uma expressão distante em seu rosto: "Eu não respeito homens que traem".

Qual foi a sua análise inicial para a resposta de Chuck a esta questão? (Escreva-a abaixo para que ela se mantenha fresca em sua mente e então retome a leitura.) Você notou algum tipo de comportamento enganoso? Eu não. Na verdade, Chuck foi claro, direto e, para todos os efeitos, sincero.

E quanto à enganação verbal? Você talvez esteja confusa sobre a subsequente pergunta que Chuck fez: "Por que você pergunta?" Ótimo que tenha reparado nisso! Muitas vezes uma questão, tal qual uma resposta, pode ser enganosa, mas vejo que neste caso ele ficou apenas curioso por ele ter sido questionado sobre um assunto interessante, mas pessoal. O que você faria se estivesse na mesma situação? Como responderia? Acredito que a maior parte de nós ficaria curiosa em relação ao motivo pelo qual algo assim fora questionado. Então, para mim, a resposta de Chuck não faz tremular nenhuma bandeira vermelha. A chave aqui é que Chuck respondeu primeiro e não apresentou qualquer sinal de enganação.

Espere só um pouquinho. E quanto àquela afirmação: "Eu não tenho respeito por homens que traem"? Claramente, você está já pronta para o baile de formatura em que receberá sua insígnia de detetive de relacionamentos. Essa afirmação poderia parecer com algum tipo de logro, se não fosse pelo timing. Você se lembra da janela de foco que estabelecemos no Capítulo 5?

O que enxergamos e escutamos durante a janela de foco são comportamentos e afirmações que ocorrem em um período de **cinco segundos após o reconhecimento da pergunta**. Minha análise implica que essa afirmação começou fora da janela; foi uma resposta tardia e, portanto, *não* fazia parte de sua reação inicial.

Questão 2: o que você acha que uma mulher deveria fazer se descobrisse que seu companheiro a está traindo?

Chuck pensou na questão por um segundo antes de responder. "Deveria dar-lhe um belo fora!, disse ele. Mas depois de um longo momento de constrangedor silêncio, ele acrescentou: "Ashley, eu tenho uma confissão a fazer. Bem, é sobre a minha última namorada. Na verdade, para ser totalmente honesto, nós não terminamos o relacionamento amigavelmente. Após namorarmos por três anos, descobri que durante dois deles ela havia me traído. Por mais compreensivo que eu seja, às vezes até em demasia pelo que dizem os meus amigos, isso eu simplesmente não poderia tolerar".

Você está confusa? Lembra-se do que acabei de falar sobre a janela de foco? Aplique aquilo aqui e você irá perceber que todas as afirmações feitas *após* a reação inicial de Chuck podem ser desconsideradas. Então, só o que temos de considerar é o que ele falou e fez dentro da janela.

Eu oficialmente analiso a reação de Chuck como sendo sincera. Ela é curta e doce e responde à questão com apenas uma pequena pausa para o reconhecimento do que fora indagado.

Sem mais considerações a respeito de Chuck, sinto-me confiante em dizer a Ashley que ela pode confiar que ele não só nunca traiu alguém, como também não tolera esse tipo de coisa. Eu deixarei que ela avalie o que mais ele tem a lhe oferecer e decida por conta própria se gostaria de namorá-lo.

Phil

Agora que o placar está empatado – um mentiroso e outro dizendo a verdade –, vejamos onde Phil se encaixa. Saindo de um bom encontro com um cara aparentemente honesto (Chuck), é preciso que todos nos lembremos de mais uma vez "cair na real" antes de analisar as respostas de Phil.

Questão 1: você já traiu alguém?

Ele pareceu recuar e então disse: "Você está me perguntando isso prá valer? Eu pareço esse tipo de homem?" – perguntou, mostrando-se desconfortável em sua cadeira e soando como se estivesse na defensiva. Então continuou: "Bem, quer dizer, eu não sei por que isso é importante; eu jamais trairia você!"

Rápido, antes que eu pese minhas considerações, escreva em seu diário o que você acha que as respostas de Phil significam (não vale espiar minha opinião).

Agora, tenho certeza de que você pensou: *"Esse cara definitivamente tem algo a esconder"*. Você provavelmente notou a mudança de posição quando seus pontos dormentes foram despertados. Você também escutou a sua enganação com muita clareza, como se estivesse gritando!

Em primeiro lugar, ele responde com outra pergunta, além de usar a técnica de "distorção de culpa". Acrescenta afirmações adicionais que na verdade não respondem à questão. As coisas não vão bem para Phil até aqui. Talvez ele consiga fazer melhor na próxima pergunta.

Questão 2: o que acha que uma mulher deveria fazer se ela descobrisse que seu companheiro a está traindo?

Ele disse: "Deixe-me perguntar o seguinte – contra-argumentou Phil, sentando-se ereto –: o que você faria se descobrisse que o *seu* companheiro a está traindo?"

Sinto muito, Phil, mas tudo o que escutamos foram "respostas ausentes". Recomendemos a Ashley que esqueça de tê-lo encontrado.

Resta ainda mais um candidato: Sam. Você já sabe o que fazer: "caia na real".

Sam

Recapitulando: Os dois conversaram por alguns minutos até que o celular de Sam tocou. Contudo, antes mesmo de o rapaz conseguir silenciá-lo, o que fez demonstrando grande embaraço, ela conseguiu reparar que o som da chamada era uma de suas canções favoritas. Isso trouxe à tona uma animada discussão sobre grupos musicais favoritos. O bate-papo durou tanto que ela acabou percebendo que teria apenas alguns minutos restantes para lhe fazer as perguntas necessárias.

Questão 1: você já traiu alguém?

Sam olhou-a intrigado e ficou em silêncio por alguns segundos, então disse:

– Não, na verdade não. Bem, durante o baile de formatura a minha parceira ficou bêbada e beijou outros dois, digo, três, caras que estavam na pista de dança. Então, em retaliação, eu beijei a diretora na bochecha. Isso conta?

Agora, após escrever em seu diário o que *você* acha que isso tudo significa, é hora de eu fazer minha análise. Primeiro, Sam responde à pergunta de forma consistente dentro de seu estado de normalidade. Você pode ver através da inter-relação entre ele e Ashley que as coisas estão indo muito bem; ela conversa com ele casualmente sobre música e observa cuidadosamente como ele responde em momentos isentos de estresse.

Questão 2: o que você acha que uma mulher deveria fazer se descobrisse que seu parceiro a estivesse traindo?

Desta vez, Sam pareceu levemente mais incisivo: "Ela deveria terminar com ele; definitivamente acabar com o relacionamento!", disse ele. Então completou. "Sem dúvida, ela deveria arrumar outro namorado!" E ao perceber que Ashley acenava em concordância, Sam acrescentou de modo bastante perceptivo: "Ei, é por isso que você está aqui hoje?"

Veja que mesmo quando ela o pressiona um pouco mais com a segunda pergunta-chave, ele não se transforma de repente em um lobisomem nem um ser irritado e arrogante; pelo contrário, ele responde da mesma maneira como fez ao longo de toda a conversa: ele é divertido, um pouco cínico, responde ao que ela perguntou e, ao mesmo tempo, faz uma piada sobre o assunto. Até aqui, não captei nenhum sinal de enganação. E quanto a você?

Agora, eis uma coisa que percebemos a respeito de Sam: ele é o primeiro cara que realmente faz uma pergunta relevante. Sei que isso pode soar como um sinal de enganação verbal (responder a uma pergunta com outra pergunta); entretanto, eu diria que ele responde à questão perfeitamente, e só *então* faz a sua própria indagação. Para mim, isso não só demonstra que Sam é perceptivo, como também que ele está curioso sobre as motivações de Ashley para fazer parte do evento de *speed dating*.

Para mim, pelo menos, isso parece um sinal de que o futuro de Sam e Ashley é promissor.

O que este livro é, e o que ele não é

Você sente empatia por Ashley? Simpatiza com a facilidade com a qual ela encontrou quatro homens diferentes e, rapidamente, teve de analisar quem estava mentindo e quem estava sendo sincero?

Bem, pense um pouquinho: isso não acontece com você quase diariamente?

Todos nós enfrentamos pessoas mentirosas – o vendedor que engana, o colega que quer o seu cargo, o vizinho que diz que a sua árvore está invadindo a propriedade dele. Em um instante, temos de nos decidir quem está dizendo a verdade e quem está tentando nos enganar. Por quê? Simples: para que possamos dar as respostas mais apropriadas a cada situação.

Detectar a mentira *não* significa agir como uma investigadora universal; tem a ver com proteger a si própria tomando decisões certas. Quando você sabe que alguém está mentindo para você – um homem, em particular –, isso lhe dá a informação necessária para tomar decisões rápidas, inteligentes e eficazes. Você pode dizer "não" para um possível segundo encontro, parar de perder tempo com longos finais de semana que não levarão a lugar algum, e parar de investir tempo, energia e emoção em homens que só estão tentando enganá-la.

Essas decisões afetam cada área de sua vida. Quantas vezes mentiram para você no passado? Em quantos relacionamentos você já se envolveu que acabaram simplesmente porque o homem com quem estava lhe contava mentiras todo o tempo – desde as maiores, quando dizia que não estava saindo com mais ninguém, até as menores, como o fato de ele não morar ou trabalhar onde havia dito?

Você vale mais do que isso. Você vale a verdade e esta é a razão definitiva para que aprenda a detectar a mentira.

Contudo, a última coisa que *espero* que você leve consigo a partir da leitura deste livro é a impressão de que precisa ter um chip instalado dentro de seu corpo que a alerte em relação a todos os homens. O que desejo é que você simplesmente aprenda um meio de detectar os homens que mentem, de modo que tenha oportunidade de agir.

As ferramentas que partilhei com você a ajudarão a tomar decisões inteligentes durante um encontro, no seu trabalho, em casa ou em qualquer outro lugar para o qual viaje ou tenha contato com pessoas, com a família, com amigos, com conhecidos e com estranhos.

Foi uma longa jornada durante a qual deparamos com alguns homens mentirosos, mas também aprendemos que ao utilizar a "janela de foco" e ao "cair na real", é possível confiar em nossos instintos – e no treinamento para detetive de relacionamentos – e determinar quando as pessoas estão dizendo a verdade.

O que é importante lembrar é que não estamos aqui para literalmente caçar aqueles que mentem para nós; não se trata também de preparar e oferecer uma resposta à altura aos sujeitos que nos faltarem com a honestidade. Esta é apenas uma estratégia de defesa na qual podemos confiar se e quando alguém decidir mentir.

Plano de ação para o Capítulo 9

A coisa mais legal sobre o plano de ação para este capítulo é que você já o começou. Lembra-se daquele diário que pedi que você começasse, escrevendo nele todas as suas percepções a respeito dos quatro homens que Ashley encontrou no evento?

Bem, espero não apenas que você o tenha considerado útil ao longo da leitura deste capítulo, mas que o utilize em seu próximo encontro. Mantenha este diário sempre junto a você – seja durante um encontro às escuras, uma reunião, uma festa etc. Se o seu diário for grande demais ou difícil de ser manuseado ou ocultado, invista em algo menor, mais delicado e fácil de esconder.

Lembre-se: você não é uma antropóloga tomando notas a respeito do comportamento de um gorila em seu *habitat* natural, portanto, tome cuidado para não passar a noite inteira sentada diante de um sujeito anotando tudo o que ele diz, faz, come ou bebe. Apenas fique atenta e, quando tiver uma chance – talvez quando ele for ao banheiro ou atender ao telefone –, faça algumas anotações sobre seu comportamento.

Se ele der sinais de enganação, liste os exemplos. Perceba se existem evidências de "distorções de culpa", "pontos dormentes", um dos 14 sinais de enganação verbal, alguma das muitas formas de enganação não verbal ou talvez até mesmo algum dos mais de 101 exemplos específicos de mentira incluídos neste livro. Seja específica, detalhista e vigilante.

Use o diário como um ponto de apoio. No futuro, você não precisará mais dele e será capaz de categorizar as respostas em sua própria cabeça. Mas, por hora, acredito que seja uma ferramenta valiosa para usar durante a sua primeira missão real como detetive de relacionamentos.

Bônus especial: *Visite o site www.facelessliar.com e tenha acesso a um trecho do novo e-book de Dan Crum,* The faceless liar: is he lying to you on the phone, e-mail, text, or chat?

1 2 3 4 5 6 7 8 9 **10**

Três conceitos importantes para as detetives de relacionamento

Você já sabe quem estava mentindo entre os homens que encontramos no Capítulo 1, e aprendeu como descobrir o logro. Este conhecimento irá, por si só, ajudá-la a detectar o comportamento enganoso dos homens, pelo menos na maior parte das vezes.

Você também descobriu algo fundamental: **quem estava dizendo a verdade.** Portanto, ninguém pode dizer que este livro está repleto de homens de má índole. Homens e mulheres são parecidos: alguns são legais, outros não; alguns mentem, outros dizem a verdade.

Uma das razões mais importantes para que aprenda a detectar um homem mentiroso é justamente parar de desperdiçar anos de sua vida acreditando em suas trapaças. Em vez disso, você agora está livre para procurar um cara realmente legal, que seja digno de você.

> *Você deseja encontrar sua alma gêmea? Quer encontrar aquele amor que pode durar uma vida inteira? Você precisa do* Soulmate Success System,* *de Dan Crum. Visite o endereço <www.abcsoulmate.com> e saiba mais.*

Sabendo o que precisa enxergar e buscar – e até mesmo como enxergar e buscar de maneira mais ativa e eficiente –, estará apta a identificar o comportamento enganoso e, mais do que isso, afiar seus instintos para identificar o que *pode* ser um comportamento enganoso.

---

* *Sistema de Sucesso Alma Gêmea. (N.T.)*

Para identificar aqueles homens que são realmente especialistas em comportamentos enganosos – e acredite, até mesmo nós, profissionais dessa área, somos enganados às vezes –, você precisará dominar três noções avançadas para um detetive de relacionamentos.

Conceito avançado 1: *prepare o cenário*

Se você pudesse escolher o local mais adequado para detectar mentiras, qual seria? Sairia para jantar, onde seu acompanhante poderia estar mais relaxado? Ou estaria mais confortável se estivesse em casa, na sua sala de estar? Você faria isso no parque, sentada sobre uma toalha de piquenique, na mesa que fica no seu quintal ou talvez tomando uma cerveja na piscina?

Preparar o cenário é o seu primeiro conceito avançado e foi essencialmente idealizado não apenas para fazer com que *você* se sinta confortável, mas ele também. A última coisa que você pode querer quando estiver lidando com um especialista em enganação é alertá-lo para o fato de que você está de olhos abertos, ligada em seu jogo e que já percebeu que há algo errado.

Lembre-se, você não pode se apressar com estes conceitos avançados. Dê a si própria um tempo para que desenvolva um diálogo detalhado e apropriado. Se tentar enquadrá-lo mediante interrogatório ou se não for paciente, dará a ele a vantagem. Portanto, tenha certeza de ter tempo para fazer perguntas de acompanhamento e seguir as instruções adequadamente. Isso garantirá que faça as coisas da maneira correta.

As seguintes dicas irão ajudá-la a estabelecer o cenário a fim de que escolha o lugar mais apropriado para confirmar, ou não, que alguém está mentindo.

Qual é o estado de normalidade?

Passamos muito tempo discutindo o estado de normalidade de um homem e agora está na hora de voltar seus olhos para si mesma. Pense em quantos encontros você já teve com este homem, a frequência que conversaram ao telefone e como tem sido sua atitude geral, sua conduta, seu humor e seu tom de voz ao conversar com ele. Você não acha que ele suspeitaria se de repente você começasse a se comportar de maneira diferente com ele?

Parte da preparação sobre a qual estamos falando aqui envolve os lugares aonde costuma ir, o modo como as coisas devem parecer etc. Mas não se esqueça de que *você* faz parte de tudo isso – suas roupas, seu cabelo, seu humor e seu tom de voz, tudo contribui para que ele relaxe ou fique ansioso. Então vamos dar um passo atrás por um minuto enquanto preparamos o cenário e perguntar: qual é o histórico de comunicação com essa pessoa?

Em outras palavras, você é informal, divertida, sexy, atraente, distante, não amigável? Que tipo de cenário você já montou quando deseja interagir com ela? Se você pensar em si mesma como responsável pelo palco que está montando, perceberá que não vale a pena preparar o cenário errado.

Por exemplo, digamos que você já saiu três vezes com esse homem e agora já é hora de cutucá-lo em alguns temas que parecem fazer seus alarmes soarem. Em cada encontro você foi brincalhona, demonstrou uma tendência para o flerte, foi provocativa e charmosa, divertida e alegre? Você se vestia, agia, falava e ria dessa maneira? Se este é o seu normal, é assim que deve continuar agindo.

Seja e permaneça normal

Seja você mesma. Ou pelo menos a parte de você que ele conhece após alguns encontros. Se o seu estilo é bibliotecária sexy, fique com isso; se o seu negócio for casual, não se vista repentinamente como uma mulher selvagem. Não mude a sua maquiagem, não ponha mais ou menos roupa, mas singre com a maré, que é aquilo que você tem feito até aqui.

Pense por um instante nas personagens do seriado *Sex and the City*. Nele encontraremos Samantha, a tentação; Carrie, a inteligente com uma tendência selvagem; Charlotte, a menina boazinha; e Miranda, a durona. Então, se você passou três encontros agindo como Samantha, não vai querer entrar no quarto encontro dando uma de Miranda; ele imediatamente saberá que algo está errado!

Não envie suas próprias pistas verbais e não verbais

Tome cuidado com as pistas que fornece, pois você não vai querer ser descoberta. Por exemplo, se confrontar um homem – seja sobre o passado dele, uma infidelidade recente, o fato de estar desempregado, ter ou não apartamento próprio – não lhe parece a coisa mais natural ou confortável no mundo, provavelmente ficará nervosa – mais nervosa do que já ficou nas interações anteriores que tiveram. Por isso é que permanecer consistente torna-se tão importante; você não quer que ele suspeite de coisa alguma. Então, esteja alerta para os seus próprios tiques quando chegar a hora de fazer as grandes perguntas. Evite fazer todas aquelas coisas que tentamos enxergar nele:

- Limpar excessivamente a garganta.
- Mover demais as mãos demonstrando estar nervosa.
- Falar alto ou baixo demais.
- Cruzar ou descruzar as pernas em excesso.
- Ser abrupta ou defensiva durante a conversação.

Utilize tudo o que aprender e adote as ações necessárias.

Torne tudo o mais realístico possível

Estabelecer o cenário tem tudo a ver com sua habilidade de conseguir a melhor poltrona da casa para apreciar a performance com a qual ele a brindará. Afinal, o que é um palco senão um lugar onde o ator demonstra suas habilidades? Geralmente, o ator está familiarizado com o palco e o usa em sua própria vantagem. Neste caso, eu quero que você assuma o controle e esteja preparada quando for o momento de confrontá-lo.

Em relação ao **comportamento não verbal**, é importante que você **evite barreiras**, pois quanto melhor puder observar seus gestos, mais claramente enxergará suas mentiras.

Quando entrevisto alguém antes de um teste de polígrafo, procuro me sentar a uma distância de aproximadamente 1 metro e evitar barreiras – mesas, cadeiras etc.; assim, garanto uma visão clara do comportamento da pessoa. Já que está dando as cartas, tente evitar o máximo de barreiras que for possível.

Então pense aonde gostariam de ir para se conhecer melhor. Vocês sempre se encontram no mesmo bar, na mesma casa noturna ou no mesmo restaurante? Digamos que seja conveniente para ambos, e que a distância seja igual, mas será este o cenário ideal para um confronto?

Pense em outros lugares para se encontrar com a mesma proximidade (se for a conveniência que torna a área tão atrativa para ambos) e escolha um local que não imponha barreiras entre vocês. Você talvez tenha de procurar por algumas alternativas, como: restaurantes grandes e abertos, sem toalhas de mesa que cubram as pernas dele, ou um café amplo, onde vocês possam se sentar em poltronas e fiquem separados apenas por uma pequena mesinha.

O ideal é que você tenha uma visão plena do corpo dele, mas a coisa não pode ser artificial; tudo precisa parecer natural. Então não tenha o trabalho de preparar algo tremendamente elaborado, pois o encontro não deve parecer uma encenação. Por exemplo, se você entrar em um café e não tiver lugar para sentar nas aconchegantes poltronas que esperava, bem, esse tipo de coisa acontece. Não faça uma cena, não chame o gerente para reclamar e exigir seus lugares. Isso *não* é estabelecer um cenário, mas fazer uma cena!

Comece com situações atuais

Você deve montar o palco dentro da zona de conforto dele. Seria uma boa ideia determinar antecipadamente os assuntos sobre os quais falarão para que ele fique à vontade – filmes, esportes, políticas, atualidades, música. Você não deve parecer muito inflexível sobre isso, afinal, se ele for um sujeito tipicamente assertivo, provavelmente começará a falar sobre algo de seu próprio interesse, de modo que você apenas dará continuidade à conversa.

Então se ele suspira e diz algo do tipo "Cara, meu chefe me deu uma bronca hoje", bem, as chances de falar sobre trabalho são boas e isso o deixará confortável, relaxado e calmo. Se ele perguntar "Você assistiu àquele jogo hoje?", é óbvio que ele também falará sobre esportes. Ou se ele anunciar "Ontem eu assisti a um ótimo filme. Adorei!", definitivamente falar de cinema é uma boa opção.

Entretanto, se ele for um tipo tímido, reservado ou daqueles que gostam de esperar que você puxe a conversa, esteja preparada. Pergunte a ele:

- "Então, como foi aquele show sobre o qual me falou na semana passada?"
- "Tem assistido a bons filmes ultimamente?"
- "O seu time favorito não jogou ontem?"
- "O que está achando sobre este debate em relação ao sistema de saúde?"
- "Gostou do álbum que enviei a você na semana passada?"

Esse tipo de perguntas fáceis, simples e descomplicadas permitirá que você direcione a conversa de um jeito tranquilo, natural e divertido e, o que é mais importante, permitirá que *ele* escolha aquilo que lhe será mais confortável.

Planeje suas perguntas

Lembra-se de quando preparamos Ashley para o evento de *speed dating*, oferecendo-lhe duas perguntas específicas para fazer aos candidatos que encontrasse naquela noite? Isso não foi por acaso; quando ensino às mulheres a se tornarem Detetives de relacionamentos, sempre sugiro que elas façam o mesmo. Veja o que digo a elas:

- **Planeje para estar um passo à frente.** A esta altura, você provavelmente já tem um indício do que a irrita neste indivíduo, seja algum assunto que ele sempre evita, respostas que não acrescentam muito, ou apenas uma vaga suspeita. Antes do seu encontro, prepare as suas perguntas relevantes de modo que elas sejam específicas para você. É importante ficar calma, e seja casual quando necessário para que possa determinar o que é normal; também é fundamental que use suas habilidades para descobrir se ele está mentindo, portanto não se esqueça de planejar as perguntas que você deseja fazer.

- **Seja concisa.** Lembre-se de que isso não é uma entrevista. Você não deve perguntar tudo o que sempre quis saber sobre este cara de uma só vez. Recomendo que faça apenas uma ou duas perguntas. Talvez você tenha mais indagações, mas deixe-as para um segundo momento. Por hora, escolha as questões que exerçam a mais pressão sobre ele.

- **Seja simples.** Esteja certa de que suas perguntas são simples e diretas, e não lhe dê opções para que tente desviar o assunto, tente enrolá-la ou aja como se não tivesse entendido. Não seja filosófica, dizendo: "O que você diria sobre um homem – claro que não é você – que passasse a noite com uma mulher e então nunca mais ligasse para ela? Teoricamente falando, claro". Pergunte: "Você já teve uma aventura romântica?" Isso evita qualquer tática de retardo que ele tente usar. Mas caso ele o faça, pelo menos saberá o motivo.

- **Aja de maneira tranquila.** Não force a barra. Em outras palavras, você deve fazer as perguntas no momento apropriado – nem cedo nem tarde demais, mas de modo natural, fácil e seguindo o ritmo normal da conversa.

- **Mantenha-se calada.** Você não deve ser brusca demais, mas, assim que fizer sua pergunta, mantenha a boca fechada, escute e observe atentamente a resposta que ele lhe oferecer.

Conceito avançado 2: *entendimento*

Sabe aquele tipo de sentimento que surge quando acreditamos que finalmente estamos "sintonizados" com outra pessoa? Quando ambos parecem ter se encaixado perfeitamente e partilham as mesmas preferências em relação a música, filmes, comida e moda? Quando apesar do fato de terem acabado de se conhecer, parece que já se conhecem há muito tempo? E como com aquela melhor amiga que você tem, a quem somente encontra algumas vezes no ano, mas cada vez que acontece parece que nunca estiveram separadas?

Esse sentimento aconchegante de familiaridade e camaradagem é conhecido como **entendimento**, e quando você está tentando detectar a enganação em um nível avançado, ele é um aliado poderoso. Em termos de detecção da mentira, uma maneira de desenvolver o entendimento é "espelhar e encontrar os pontos em comum".

Os autores Gregory Hartley e Maryann Karinch, em *How to spot a liar** (Career Press, 2005), explicam o que significa Espelhar:

> ***"é um modo natural de mostrar uma conexão expontânea com a pessoa com quem você está conversando [...] Você também pode fazê-lo conscientemente, para transmitir aqueles sentimentos positivos e aumentar o nível de conforto da outra pessoa".***

As pesquisas mostram que as pessoas respondem àqueles a quem espelham e percebem conexões em termos de humor, interesses, paixões e passatempos. Isso deixa as pessoas à vontade, e quando se sentem assim, não que elas sejam menos inclinadas a mentir, principalmente se houver uma razão para fazê-lo – mas *será* mais fácil detectá-las porque suas defesas estão baixas.

Aqui vão alguns métodos avançados para criar entendimento:

- Isso não significa somente deixá-lo, ou a si mesmo, confortável. Tem mais a ver com espelhar e buscar pontos em comum. Esta é uma maneira simples de baixar as defesas do outro indivíduo simplesmente ao encontrar interesses compartilhados. Por exemplo, se no dia em que você for encontrá-lo com a intenção de lhe fazer as tais perguntas relevantes ele estiver extremamente tranquilo, não seja frenética e desesperada; tente espelhar e combinar o humor dele, ao agir também de maneira calma e suave. Se ele está falando baixo, não grite; busque um tom de voz

* ***Sem título em português. Em tradução livre: Como identificar um mentiroso. (N.E.)***

apropriado. Você verá que esta é uma excelente estratégia para criar entendimento. Por exemplo, se ele falar alto, fale alto; se ele for discreto, seja discreta. Isso pode até parecer num primeiro momento um comportamento meio óbvio, mas o homem mentiroso costuma estar tão focado em sua mentira que não irá nem perceber.

- **Estabeleça o ritmo e leve-o com você.** Uma variação de espelhar e procurar pontos em comum é estabelecer o ritmo e guiá-lo; essa é apenas uma maneira mais ativa de saber se alguém está confortável ao seu lado. Por exemplo, digamos que você comece a fazer algo, como cruzar as pernas, se inclinar para frente ou falar com suavidade. Se *ele* começar a *espelhá-la*, isso significa que está se sentindo confortável ao seu lado e que, por isso, tentará instintivamente copiar seu comportamente e encontrar pontos em comum. Então, digamos que você esteja com as pernas cruzadas da esquerda para a direita e muda a direção, da direita para a esquerda, e ele a espelhar; na verdade, ele não está de fato *tentando* copiar suas ações, apenas se mantendo confortável ao seu lado – e este é um sinal de que você construiu entendimento.

- **Não faça nada que prejudique o entendimento.** Tão vital quanto construir um entendimento é não prejudicá-lo. Modos de interferir no entendimento construído incluem:

  » julgar ou pregar demais;
  » ser uma sabe-tudo;
  » ficar corrigindo o parceiro;
  » interrompê-lo com frequência;
  » ser demasiadamente honesta sobre como você se sente;

» terminar as sentenças por ele iniciadas;
» falar difícil;
» fazer pouco caso de sua ocupação.

Conceito avançado 3: *confie na sua intuição*

Nosso último conceito avançado pode parecer simples superficialmente, mas, de acordo com minha experiência, é uma das coisas mais difíceis para a mulher moderna fazer: **confiar na sua intuição**.

Você já disse para si mesma: "*Eu tinha uma má impressão deste homem; devia ter seguido o meu instinto?*" Ou: "*Eu tenho uma má sensação com relação àquele trabalho; devia ter seguido minha intuição?*"

Lembre-se, não há métodos infalíveis para detectar a mentira. As táticas neste livro se baseiam na minha experiência, e apesar de elas funcionarem a maior parte do tempo, não são garantias de que o farão sempre.

Confie na sua intuição. Se a coisa não parece certa, não vá lá. Ou como o Dr. Phil sempre costuma dizer: "Dúvida significa dúvida". Se você acha que seu marido a está traindo, explore esse sentimento. Por que não deveria fazê-lo? Tome ações para ir além da dúvida. Não se arrisque a deixá-lo escapar com a infidelidade só porque você não quer correr o risco de fazer papel de boba.

Escute com atenção: ainda que você não veja *nenhum* desses sinais externos de enganação e que, de vez em quando, tenha a sensação de que algo não se encaixa, vá atrás do seu palpite. Acredite em si mesma em primeiro lugar. Muitas vezes o oposto também é verdade: um homem pode mostrar diversos sinais de enganação, mas ainda assim está falando a verdade. Isso pode acontecer quando um homem planejava mentir, mas então muda de ideia antes de dar sua resposta e acaba lhe dizendo a verdade. Como não é possível determinar isso, será preciso que você confie em sua intuição. O objetivo deste livro não é fazer com que você questione a si própria sobre cada pequena coisinha, mas, ao invés disso, ajudá-la a confiar em si mesma de modo que tenha a palavra final sobre quem é a pessoa certa a namorar.

Você não deve nada a ninguém. Mesmo se um homem não a estiver enganando, você ainda assim não tem obrigação de namorá-lo. E, especialmente, se suspeita que alguém está mentindo, não tem a obrigação de ficar saindo com essa pessoa. Obter uma prova, contudo, não é fundamental para dispensar alguém; até mesmo a suspeita de enganação pode ser – ou deveria ser – o suficiente para que você dê a si própria permissão para seguir em frente.

Esta é a sua vida. Assuma o controle sobre ela e combata a enganação com a cabeça erguida.

Bônus especial: *Visite o site www.facelessliar.com e tenha acesso a um trecho do novo e-book de Dan Crum,* The faceless liar: is he lying to you on the phone, e-mail, text, or chat?

SOBRE O AUTOR

Conhecido nos EUA como "o detetive dos relacionamentos", **Dan Crum** trabalhou para a CIA como examinador polígrafo e investigador especial. Possui pós-graduação em Perícia Psicofisiológica de Detecção de Fraudes. É consultor e palestrante sobre relacionamentos e mentiras, realizando apresentações frequentes para diversas organizações dos EUA, incluindo a Associação Norte-americana de Poligrafia, grupos de negociação de crises e associações regionais de polígrafos.

Este livro foi impresso pela Grecco &
Melo Ltda. em papel *offset* 75 g.